暮らしが変わる！

家に帰ってスイ

ホットクックごはん

堤 人美

主婦と生活社

はじめに

忙しい日々の中、あなたの腕となり、目となってくれる
自動調理鍋「ホットクック」は、
料理がおいしくなるように見守ってくれる鍋です。

ホットクックに材料を全部入れてスタートボタンを押したら、
あとはそのまま出かけてしまっても大丈夫。
"おかえりなさい"と、完成した料理が
家で待っていてくれる頼もしさは、心にゆとりをもたらしてくれます。

紹介しているレシピは、おいしく作れるのはもちろん、
毎日のごはん作りを力強くサポートするもの。
ホットクックは、老若男女みんなが大好きな
煮込み料理が大の得意なので、パパッと作れるような時短料理では
叶えられないおいしさが楽しめます。
じっくりと火が入ることで、特別な調理をしなくても、
かたまり肉や骨つき肉は中までトロトロ！
野菜との相性もよく、とても甘くなるので、
使う素材が少なくても、うま味をググッと引き出して
滋味あふれる料理に仕上がります。

この本では、たった2つのメイン素材を用意すれば
作れるメニューをそろえているので、
買い物や下ごしらえなどの準備も驚くほど簡単。
料理をさらにおいしくするための薬味や調味料をプラスすれば、
思わず笑顔になってしまう味わいが完成します。

手間をかけなくても、充実した食事で栄養も心も満たされる幸せを、
ぜひ、体感してみてください。

———— 堤 人美

Contents

1
ホットクックで
予約調理おかず

鶏肉のおかず

豚肉のおかず

牛肉のおかず

ひき肉のおかず

魚介のおかず

2
ホットクックで
定番おかず

3
ホットクックで
ごちそうおかず

COLUMN

ホットクックで副菜

同時調理で2品献立

ホットクックでスープ

調理がグッとラクになる！
ホットクックのいいところ

ホットクックが"できること"を知れば、便利さも格段にアップ。
慌ただしい日々を、救世主として料理面から手厚くサポートしてくれます。

1

ボタン押すだけ

材料を入れたら
ほったらかしでOK！

材料と調味料を内鍋に入れてスタートボタンを押
せば、あとはホットクックが調理。センサーが常
に鍋の中の温度や食材の火の通り具合を見張り、
火加減を自動で調整してくれます。料理が苦手な
人や、火の扱いが心配な子ども、親世代でも、失
敗せずに作れて、誰が作ってもおいしく仕上がり
ます。

2

家事や仕事と
同時進行で
調理ができる

「予約」調理で
時間を有効に使える

フライパンや鍋を使っ
た調理では、加熱中に
側を離れられませんが、
ホットクックなら大丈
夫。そのまま仕事や買い
物に出かけ、完全に目を
離した状態でも、おい
しい料理が完成します。
しかも、予約キーを使
えば、料理ができ上が
る時刻を最大15時間後 *1 まで設定可能！　加熱
時は、食材が腐敗しない温度まで一気に上げたあ
と、適温をキープしてくれるので、安心して任せ
られます。

3

「まぜ技ユニット」で
加熱ムラを防げる

ふたの内側に「まぜ技
ユニット」を装着する
ことで、火の通り具合
に合わせて食材を自動
でかき混ぜてくれます。
食材が焦げつくことな
く、均一に加熱ができ
て便利。

※ P6-7の内容は、KN-HW16Fの機種に基づいています。
＊1　HT99Aは最大12時間後まで設定可能です。　＊2　無線LAN対応のHW系機種のみ。
＊3　すべての機種についている機能ではありません。
＊4　HW16F、HW24Fに付属の蒸しトレイを使用する場合のみ。2段調理は、本書掲載のレシピのほか、シャープ公式のレシピもダウン
　　ロードできます。

4

「自動」と「手動」調理で
料理の幅が広がる

「肉じゃが」「ビーフカレー」など自動調理メニューに登録されている料理は、メニュー名を選ぶだけ*2で、その料理に最適の火加減や混ぜ方で加熱調理をしてくれます。さらに自動調理メニューは、煮物、蒸し物、スープ、低温調理と多岐にわたっていて、幅広い料理にも応用可能！ また、自動調理メニューに登録されていない料理は、手動で調理方法や加熱時間が調整できるほか、加熱中に混ぜる、混ぜないの設定もできます。

5

途中でふたを開け、
調整ができる

加熱を一時停止すれば、途中でふたを開けられます。食材を入れ忘れたときや、様子や味を見たいときにも有効！ ただし、ふたを開ける際は、やけどや蒸気に注意してください。

6

「低温調理」で憧れメニュー
にチャレンジできる

肉や魚がしっとりやわらかく仕上がると話題の低温調理*3も、専用の調理器がなくてもホットクックで実践できます。徹底した温度管理によって、ローストビーフや塩豚などのごちそう料理が家で手軽に作れ、おもてなしにも重宝！

7

2段調理で
一度に2品作れる

ホットクックに付属している「蒸しトレイ」*4を活用すれば、料理を同時に2品作ることができます。例えば、内鍋に主菜の材料、蒸しトレイに副菜の材料をセットすれば、晩ごはんの献立が一気に完成！ 献立に悩むこともありません。

8

素材のうま味を
引き出す！

メイン食材は
2つでOK

じっくりと加熱をすることで、肉、魚介のうま味や野菜の甘みが増すので、使用する食材が少なくても大満足の仕上がりに。食材が少ないと、買い物や下ごしらえなどの下準備もラクになり、負担が減ります。

料理のレベルがアップする！
ホットクックでおいしく作るコツ

ちょっとした調理のひと手間が、料理のおいしさを大きく左右します。
すべてホットクックの特性を加味したコツなので、ぜひ取り入れて調理を！

野菜→肉・魚介の順番で入れる

肉や魚介から出たうま味は下に落ちていくので、野菜を内鍋の底に広げて入れてください。野菜を入れて肉や魚介をのせることで、うま味の詰まった汁けを野菜が余すことなく吸収し、料理のおいしさが増します。

野菜を下！
肉・魚介を上！

食材の水分を生かし、プラスする水分は控えめに

食材から出る水分を生かせるのは、無水調理ができるホットクックならではの利点。鍋で調理をする際の一般的な水分量よりも、1/3ほど減らして調理を！

うま味
アップ

副菜は水を足して保温で蒸らす

野菜は洗ったまま水けをふかずに入れ、水を大さじ2〜3プラスしましょう。さらに、加熱後に保温で1分蒸らして、すぐに取り出すことで、葉野菜はみずみずしい食感を保つことができ、根菜やいも類などはホクホクとした食感に仕上がります。

水を加える＆
水けをつけたまま
加熱する

┃ホットクックの注意点┃

食材と水分の最大容量を守る！

食材を入れるときは必ず内鍋の上部が4cm以上あくように、余裕を持って入れてください。水分量は内鍋に書いてある「水位MAX」の線を超えないように注意。目安としては、食材がまぜ技ユニットに当たらないことが重要です。まぜ技ユニットに食材が当たるとエラーが出るので、その際は食材を減らしましょう。

予約可能な時間は最大15時間

料理が完成する時刻は、内鍋に材料をセットしてから、最大15時間後（HT99Aは12時間後）まで設定できます。予約時間が長いほど、通常の調理と比べて全体に色がなじみやすくなるほか、具材がよりやわらかくなります。さらに野菜からは水分が出やすくなるので、仕上げに味を見て調整してください。

薄切り肉やひき肉は
加熱前にほぐす

細かい肉は加熱中にくっついて大きなかたまりになりやすいので、必ず菜箸などでほぐしてください。ほぐすときは、調味料となじませるようにしましょう。

粉類はまぶしておくと、
ダマにならない

粉類が内鍋の底にたまってしまうと、加熱後にダマとして残ることも。ポリ袋に食材と一緒に入れてまんべんなくまぶすことで、クリーム煮やスープなどもなめらかな口当たりになります。

「煮詰める」機能で
水分量を調整できる

煮汁などが多く、水分をとばしたいときは、手動で煮詰める時間を設定して再加熱を。煮汁にとろみがある場合は、途中でふたを開けてゴムべらなどで混ぜてください。加熱の延長も自由にできるので、仕上がりの状態を確認したうえで、好みに合わせて調整を。

(※「煮詰める」機能は HT、HW24C
以外の無線 LAN 対応機種のみ)

牛乳は仕上げに加えて
分離しないように

牛乳や生クリームなどは加熱しすぎると分離してしまうので、はじめから加えずに後から加えてください。仕上げのタイミングで加え、再度加熱すれば、失敗することもありません。

(※牛乳を加える際、ふたを開けるときに「とりけし」キーを押さないでください)

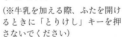

**途中で食材や調味料を
加える際、やけどに注意**

加熱途中でふたを開けるときは、蒸気に気をつけてください。内鍋も熱くなっているので、直接触らないようにしましょう。

**低温調理に使う保存袋は
耐熱温度が 100℃以上のものを**

低温調理をおこなうときは、水を加えて加熱をするので、保存袋内に水が入らないように密閉できるものを使用し、袋内の空気を抜いてください。さらに加熱調理をするため、保存袋は耐熱温度が 100℃以上で冷凍もできる、ポリエチレン製のものを選びましょう。

この本のルール

本書で使用したホットクック

本書では KN-HW16F を使用していますが、1.6ℓ、2.4ℓ タイプのホットクックで作ることができます。
お手持ちのホットクックが他機種の場合は、「操作手順」にて操作キーをご確認ください。

KN-HW16F

容量 1.6ℓ、2～4人用。
幅広い家庭や年齢層に寄り添う、使い
やすいサイズ感が魅力。

KN-HW24F

容量 2.4ℓ、2～6人用。
料理をまとめて作ることが多い方や、
家族の人数が多い方にオススメ。

ホットクックの機種の詳細、使い方については、取扱説明書、またはシャープオフィシャルサイト
をご覧ください。https://jp.sharp/hotcook

本書の見方

加熱時間
メニューキーに設定されている
加熱時間の目安です。この本のレシ
ピで作る場合は、食材の種類や
量によって変わることがありま
す。参考値としてご確認ください。

使用キー
レシピ内に使用したメニュー
キーを明記しています。使用キー
は KN-HW16F を基準にしている
ため、他機種は下記の「操作手順
の対応表」をご確認ください。

操作手順の対応表
ホットクックの機種ごとに、操作
するキーの手順を明記していま
す。お手持ちの機種によって操作
が変わりますので、参考にしてく
ださい。

アイコン
料理には、「予約可」「まぜ技ユニッ
ト」「蒸しトレイ」のうち、対応し
ているアイコンがそれぞれについて
います。アイコンの説明と合わせて
ご確認ください。

 予約可
このアイコンがあるメニュー
は、「予約調理」ができます。

 まぜ技ユニット
このアイコンがあるメニュー
は、本体に「まぜ技ユニット」
をセットしてから加熱調理を
してください。

 蒸しトレイ
このアイコンがあるメニュー
は、付属の「蒸しトレイ」ま
たは「蒸し板」を内鍋にのせ
て調理をしてください。

レシピについて

・小さじ1は 5㎖、大さじ1は 15㎖、1カップは 200㎖ です。
・食材を洗う、皮をむくなどの手順を省いていますので、適宜行ってください。

1

ホットクックで
予約調理おかず

朝出かける前や夜寝る前など、作業ができるときに
材料を入れたら、あとはごはんを食べたい時刻を設定するだけ。
加熱調理はホットクック任せで、ほったらかしにできるので、
とってもラクチン！　時間を有効に使えます。

鶏肉とチンゲン菜の照り煮

予約可

しょうがのさわやかな香りで、食欲倍増！
保湿効果の高いはちみつで、鶏肉もやわらかく仕上がります。

材料(2〜3人分) 加熱時間 45〜65分

鶏もも肉…小2枚(400g)
▶厚みのある部分に切り込みを入れて開く

チンゲン菜…1株
▶長さを半分に切り、根元は縦4等分に切る

A { はちみつ、酒、しょうゆ
　　　…各大さじ1

薄力粉…小さじ2

B { しょうが…1かけ　▶せん切り
　　　水…3/4カップ

作り方

1　ポリ袋に鶏肉、A を入れてもみ込み、薄力粉を加えてまぶす。

2　内鍋に 1 の皮目を下にして入れ、B を加えて予約調理メニュー「たいのあら炊き」で加熱する。

3　1 にチンゲン菜を加えて煮汁に浸し、「保温」で10分温める。鶏肉を食べやすい大きさに切り、チンゲン菜と器に盛る。

Point

火がすぐに通るチンゲン菜は、加熱終了後に加えてください。仕上げに温めることで、食感を生かせます。

HW シリーズ／メニューを選ぶ▶ 予約メニューから探す▶ たいのあら炊き▶ 予約▶ 予約時刻を設定▶ スタート
HT99A 以外（HT24B・HT16E・HT99B）／自動▶ 煮物 2-11 ▶ 予約▶ 予約時刻を設定▶ スタート
HT99A ／自動▶ 煮物 1-4 ▶ 予約▶ 予約時刻を設定▶ スタート

手羽元とれんこんの塩煮込み

予約可

じっくり煮込んだ手羽元が、ほろほろと崩れていく口福。
れんこんのやわらかく、むっちりとした歯ざわりも美味です。

材料（2〜3人分）加熱時間65分

鶏手羽元…6本
▶骨に沿って切り込みを1本入れる
れんこん…300g
▶5cm長さに切り、縦4等分に切る
にんにく…1かけ　▶つぶす
しょうゆ…小さじ1

A {
水…75mℓ
酒…大さじ2
みりん、レモンのしぼり汁
　…各大さじ1/2
塩…小さじ1/3
}

作り方

1 れんこんは水に5分ほどさらし、水けをきる。手羽元はしょうゆをもみ込む。

2 内鍋にれんこん、手羽元、にんにく、Aの順に入れ、予約調理メニュー「ふろふき大根」で加熱する。器に盛り、粗びき黒こしょう少々（分量外）をふる。

HWシリーズ／メニューを選ぶ ▶ 予約メニューから探す ▶ ふろふき大根 ▶ 予約 ▶ 予約時刻を設定 ▶ スタート
HT99A以外（HT24B・HT16E・HT99B）／自動 ▶ 煮物 2-12 ▶ 予約 ▶ 予約時刻を設定 ▶ スタート
HT99A／自動 ▶ 煮物 1-4 ▶ 予約 ▶ 予約時刻を設定 ▶ スタート

手羽中と大豆の黒酢煮

予約可

大豆一粒一粒に味がしみ込み、こっくりとした味わいに。
白いごはんに合うのはもちろん、おつまみにも重宝します。

材料（2〜3人分）加熱時間 45〜65 分

鶏手羽中…6 本
▶骨に沿って切り込みを 1 本入れる
大豆水煮缶…150g
にんにく…1 かけ　▶薄切り
しょうゆ…小さじ 1

A {
水…1/2 カップ
黒酢…大さじ 3
しょうゆ…大さじ 2
砂糖、酒…各大さじ 1
ごま油…小さじ 2
}

作り方

1 手羽中はしょうゆをもみ込む。A は混ぜ合わせる。

2 内鍋に大豆、手羽中、にんにく、A の順に入れ、予約調理メニュー「ぶり大根」で加熱する。

HW シリーズ／メニューを選ぶ ▶ 予約メニューから探す ▶ ぶり大根 ▶ 予約 ▶ 予約時刻を設定 ▶ スタート
HT99A 以外（HT24B・HT16E・HT99B）／自動 ▶ 煮物 2-11 ▶ 予約 ▶ 予約時刻を設定 ▶ スタート
HT99A ／自動 ▶ 煮物 1-4 ▶ 予約 ▶ 予約時刻を設定 ▶ スタート

鶏肉と切り干し大根のトマト甘煮

予約可

乾物を上手に活用すれば、栄養豊富なメイン料理がスグに完成。
子どもにも人気のトマト味は、パンにもごはんにも合います。

材料（2〜3人分） 加熱時間 45〜65 分

鶏もも肉…1 枚（250g）
▶ひと口大に切る
切り干し大根…30g
玉ねぎ…1/4 個　▶薄切り
塩、こしょう…各少々

A ┤
トマト缶（カットタイプ）
…1/2 缶（200g）
水…1/4 カップ
酒…大さじ 1
しょうゆ…小さじ 2
砂糖…小さじ 1

作り方

1 切り干し大根は洗って水に 10 分ほど浸してもどし、水けをしぼる。鶏肉は塩、こしょうをふる。

2 内鍋に玉ねぎを入れ、切り干し大根をほぐしながら加える。鶏肉をのせて A を加え、予約調理メニュー「ぶり大根」で加熱する。器に盛り、好みでイタリアンパセリ、パン各適量（分量外）を添える。

HW シリーズ／メニューを選ぶ ▶ 予約メニューから探す ▶ ぶり大根 ▶ 予約 ▶ 予約時刻を設定 ▶ スタート
HT99A 以外（HT24B・HT16E・HT99B）／自動 ▶ 煮物 2-11 ▶ 予約 ▶ 予約時刻を設定 ▶ スタート
HT99A ／自動 ▶ 煮物 1-4 ▶ 予約 ▶ 予約時刻を設定 ▶ スタート

鶏肉とキャベツのハーブ蒸し煮

予約可

鶏むね肉のうま味とキャベツの甘みが凝縮し、食べごたえも十分。
ハーブの華やかな香りで、さらにおいしさを底上げします！

材料（2〜3人分）加熱時間 65 分

鶏むね肉…小 2 枚（400g）
▶ 2 等分に切る

キャベツ…1/4 個（300g）
▶ 5 〜 6cm角に切る

玉ねぎ…1/2 個　▶薄切り

にんにく…1/2 かけ　▶薄切り

A {
塩…小さじ 1/2
こしょう…少々
乾燥ミックスハーブ（バジル、オレガノ、
　　タイムなど）…小さじ 1/2
}

B {
水…1/4 カップ
白ワイン…大さじ 2
オリーブ油…大さじ 1
}

作り方

1 鶏肉に **A** を表記順にまぶす。

2 内鍋にキャベツ、玉ねぎ、にんにく、**1**、**B** の順に入れ、予約調理メニュー「ふろふき大根」で加熱する。器に盛り、好みでマスタード適量（分量外）を添える。

HW シリーズ／メニューを選ぶ ▶ 予約メニューから探す ▶ ふろふき大根 ▶ 予約 ▶ 予約時刻を設定 ▶ スタート
HT99A 以外（HT24B・HT16E・HT99B）／自動 ▶ 煮物 2-12 ▶ 予約 ▶ 予約時刻を設定 ▶ スタート
HT99A ／自動 ▶ 煮物 1-4 ▶ 予約 ▶ 予約時刻を設定 ▶ スタート

バターチキンカレー

（予約可　まぜ技ユニット）

ピーナッツバターのコクで、お店に負けない濃密なおいしさに。
マイルドなカレーには、トマトの甘酸っぱさが映えます。

材料（2～3人分）加熱時間 65 分

鶏むね肉…大 1 枚（300g）　▶ひと口大に切る
トマト（完熟のもの）…3 個（450g）　▶ざく切り
玉ねぎ…1/2 個　▶薄切り

A {
にんにく、しょうが…各 1 かけ
　▶すりおろす
カレー粉…大さじ 2
}

B {
赤唐辛子…1 本　▶半分に折り、種を除く
水…75㎖
バター、ピーナッツバター（加糖）
　…各大さじ 2
塩…小さじ 1/2
}

生クリーム…1/2 カップ
塩、こしょう…各少々

作り方

1 ポリ袋に鶏肉、**A** を入れ、よくもみ込む。

2 内鍋に玉ねぎ、トマト、**1**、**B** を入れ、予約調理メニュー「チキンと野菜のカレー（無水カレー）」で加熱する。生クリームを加えて「保温」で 5 分温め、塩、こしょうで味を調える。器に盛り、温かいごはん、パクチー各適量（分量外）を添える。

HW シリーズ／メニューを選ぶ ▶ 予約メニューから探す ▶ チキンと野菜のカレー（無水カレー）▶ 予約 ▶ 予約時刻を設定 ▶ スタート
HT99A 以外（HT24B・HT16E・HT99B）／自動 ▶ カレー・スープ 1-1 ▶ 予約 ▶ 予約時刻を設定 ▶ スタート
HT99A ／自動 ▶ 煮物 1-14 ▶ 予約 ▶ 予約時刻を設定 ▶ スタート

鶏もも骨つき肉とオリーブの煮もの

予約可

オリーブのさわやかな酸味とほろ苦さが、お酒と好相性。
仕上げにレモンをキュッとしぼるのがポイントです。

材料（2〜3人分）加熱時間 65 〜 95 分

鶏もも骨つき肉…600g　▶ ぶつ切り
玉ねぎ…1/2 個　▶薄切り
にんにく…1/2 かけ　▶薄切り
塩…小さじ 1/3
こしょう…少々
薄力粉…大さじ 1

A { オリーブ (グリーン) …8 個
ローリエ…1 枚
白ワイン、水…各 1/4 カップ

レモンのしぼり汁…1/2 個分

作り方

1 ポリ袋に鶏肉、塩、こしょうを入れてもみ込み、薄力粉を加えてまぶす。

2 内鍋に玉ねぎ、にんにく、**1**、**A** の順に入れ、予約調理メニュー「豚の角煮」で加熱する。レモンのしぼり汁を加え、混ぜる。

HW シリーズ／メニューを選ぶ ▶ 予約メニューから探す ▶ 豚の角煮 ▶ 予約 ▶ 予約時刻を設定 ▶ スタート
HT99A 以外（HT24B・HT16E・HT99B）／自動 ▶ 煮物 2-7 ▶ 予約 ▶ 予約時刻を設定 ▶ スタート
HT99A ／自動 ▶ 煮物 1-4 ▶ 予約 ▶ 予約時刻を設定 ▶ スタート

手羽先と冬瓜の和風スープ煮

予約可

調味は塩、酒、しょうゆの基本調味料だけでシンプルに。
素材のうま味や香りを存分に生かしましょう。

材料(2〜3人分) 加熱時間 45 〜 65 分

鶏手羽先…6 本
▶骨に沿って切り込みを 1 本入れる

冬瓜…350g
▶種とわたを除いて 3 〜 4cm角に切り、
皮を厚めにむく

塩…小さじ 1/3

A {
しょうが(皮つきのもの)…1/2 かけ
▶薄切り
昆布(5×5cmのもの)…1 枚
水…1 カップ
酒…大さじ 2
しょうゆ…大さじ 1/2
}

作り方

1 手羽先は塩をもみ込む。冬瓜は皮側に塩適量(分量外)をすり込み、流水で洗って水けをふく。

2 内鍋に冬瓜、手羽先、**A** の順に入れ、予約調理メニュー「たいのあら炊き」で加熱する。

po int

冬瓜は固い皮側に、塩をすり込んでください。えぐみが抑えられ、色味も鮮やかに仕上がります。

HW シリーズ／メニューを選ぶ ▶ 予約メニューから探す ▶ たいのあら炊き ▶ 予約 ▶ 予約時刻を設定 ▶ スタート
HT99A 以外（HT24B・HT16E・HT99B）／自動 ▶ 煮物 2-11 ▶ 予約 ▶ 予約時刻を設定 ▶ スタート
HT99A ／自動 ▶ 煮物 1-4 ▶ 予約 ▶ 予約時刻を設定 ▶ スタート

鶏もも骨つき肉としめじのビネガー煮

予約可

白ワインビネガー×にんにくが効いた、元気を補えるメニュー。
骨つき肉の濃厚なうま味とローズマリーのハーモニーを堪能してください。

材料(2〜3人分) 加熱時間 65 分

鶏もも骨つき肉…600g　▶ぶつ切り
しめじ…1 パック
　▶石づきを除き、小房に分ける
玉ねぎ…1/2 個　▶薄切り
にんにく…1 かけ　▶薄切り
塩…小さじ 1/2
こしょう…少々
薄力粉…大さじ 1

A {
　ローズマリー…1 本
　水…1/4 カップ
　白ワインビネガー（または酢）…大さじ 3
　白ワイン…大さじ 1
　塩…小さじ 1/2
}

作り方

1
ポリ袋に鶏肉、塩、こしょうを入れてもみ込み、薄力粉を加えてまぶす。

2
内鍋に玉ねぎ、にんにく、1、しめじ、A の順に入れ、予約調理メニュー「ふろふき大根」で加熱する。

HW シリーズ／メニューを選ぶ ▶ 予約メニューから探す ▶ ふろふき大根 ▶ 予約 ▶ 予約時刻を設定 ▶ スタート
HT99A 以外（HT24B・HT16E・HT99B）／自動 ▶ 煮物 2-12 ▶ 予約 ▶ 予約時刻を設定 ▶ スタート
HT99A ／自動 ▶ 煮物 1-4 ▶ 予約 ▶ 予約時刻を設定 ▶ スタート

鶏肉と長いもの煮物

予約可

長いものホクホク感と滋味深いおいしさがたまらない！
仕上げに香り豊かな山椒のしびれる辛さをプラスしても。

材料（2〜3人分）加熱時間 20 分

鶏もも肉…1 枚（250g）
　▶ 8 等分に切る

長いも…250g　▶ ひと口大の乱切り

A{
　塩、こしょう…各少々
　オリーブ油、片栗粉…各小さじ 1

B{
　しょうが…1/2 かけ　▶ みじん切り
　水…1 カップ
　塩…小さじ 1/3
　しょうゆ…小さじ 1/2

作り方

1 ポリ袋に鶏肉を入れ、A を表記順に加えてもみ込む。

2 内鍋に長いも、1、B の順に入れ、予約調理メニュー「かぼちゃの煮物」で加熱する。器に盛り、好みで粉山椒適量（分量外）をふる。

HW シリーズ／メニューを選ぶ ▶ 予約メニューから探す ▶ かぼちゃの煮物 ▶ 予約 ▶ 予約時刻を設定 ▶ スタート
HT99A 以外（HT24B・HT16E・HT99B）／自動 ▶ 煮物 2-3 ▶ 予約 ▶ 予約時刻を設定 ▶ スタート
HT99A ／自動 ▶ 煮物 1-2 ▶ 予約 ▶ 予約時刻を設定 ▶ スタート

豚バラとピーマンの甘酢煮

予約可　まぜ技ユニット

丸ごとたっぷり入れたピーマンに、煮汁がしみ込んでジューシーに。
豚バラ肉のコクとしょうがの風味も絶妙です。

材料（2～3人分）加熱時間 40 分

豚バラ薄切り肉…150g
▶ 3cm幅に切る
ピーマン…8 ～ 10 個
▶手でにぎってつぶす
しょうが…1 かけ　▶せん切り

A
- 水…1/2 カップ
- しょうゆ…大さじ 2
- 酒、酢、ごま油…各大さじ 1
- 砂糖…小さじ 2

作り方

1 A は混ぜ合わせる。

2 内鍋にピーマンを入れ、豚肉を散らす。しょうが、A を加え、予約調理メニュー「ラタトゥイユ」で加熱する。

point

水分の多いピーマンはギュッとにぎってつぶしましょう。味がしみ込みやすくなるほか、水分を料理に活用できます。

HWシリーズ／メニューを選ぶ ▶ 予約メニューから探す ▶ ラタトゥイユ ▶ 予約 ▶ 予約時刻を設定 ▶ スタート
HT99A 以外（HT24B・HT16E・HT99B）／自動 ▶ 煮物 2-18 ▶ 予約 ▶ 予約時刻を設定 ▶ スタート
HT99A ／自動 ▶ 煮物 1-17 ▶ 予約 ▶ 予約時刻を設定 ▶ スタート

豚バラと大根の重ね煮 ゆずこしょう風味

🕐 予約可

大根は薄切りにすると、豚肉とからみやすくなります。
ゆずこしょうのさわやかな刺激が、味を単調にしません。

材料（2〜3人分）　加熱時間 65 分

豚バラ薄切り肉…150g
▶ 10cm長さに切る

大根…小 1/2 本（400g）
▶ 3 〜 5mm幅の輪切り

塩、こしょう…各少々

A
- 水…1/2 カップ
- 酒…大さじ 3
- ゆずこしょう、オリーブ油 …各小さじ 2
- しょうゆ…小さじ 1

作り方

1 豚肉は塩、こしょうをもみ込む。**A** は混ぜ合わせる。

2 内鍋に大根 1/2 量、豚肉 1/2 量の順に重ねて入れる。残りも同様に重ねて入れ、**A** を加える。予約調理メニュー「ふろふき大根」で加熱する。

HW シリーズ／メニューを選ぶ ▶ 予約メニューから探す ▶ ふろふき大根 ▶ 予約 ▶ 予約時刻を設定 ▶ スタート
HT99A 以外（HT24B・HT16E・HT99B）／自動 ▶ 煮物 2-12 ▶ 予約 ▶ 予約時刻を設定 ▶ スタート
HT99A ／自動 ▶ 煮物 1-4 ▶ 予約 ▶ 予約時刻を設定 ▶ スタート

豚肉とトマトのオイスターソース煮

予約可　まぜ技ユニット

トマトの甘酸っぱさにオイスターソースのコクをプラス。
深みのある味は、ごはんに豪快にかけて食べたくなります。

材料（2〜3人分）加熱時間40分

豚厚切り肉（とんかつ用）…2枚（300g）
▶ 2cm幅に切る
トマト…2個（300g）　▶ざく切り
塩、こしょう…各少々
薄力粉…大さじ1

A
- にんにく…少々　▶すりおろす
- 水…1/4カップ
- オイスターソース…大さじ1
- しょうゆ…小さじ1

作り方

1 ポリ袋に豚肉、塩、こしょうを入れてもみ込み、薄力粉を加えてまぶす。

2 内鍋に**1**、トマト、**A**の順に入れ、予約調理メニュー「ラタトゥイユ」で加熱する。

3 器に温かいごはん適量（分量外）を盛り、**2**をかける。

HWシリーズ／メニューを選ぶ▶ 予約メニューから探す▶ ラタトゥイユ▶ 予約▶ 予約時刻を設定▶ スタート
HT99A以外（HT24B・HT16E・HT99B）／自動▶ 煮物2-18▶ 予約▶ 予約時刻を設定▶ スタート
HT99A／自動▶ 煮物1-17▶ 予約▶ 予約時刻を設定▶ スタート

豚バラとなすの甘辛煮

予約可

うま味の強い豚バラ肉となすは、相性抜群の組み合わせ。
なすは皮を縞目にむくことで、味が中までしみ込んでやわらかくなります。

材料（2～3人分）加熱時間 45～65 分

豚バラ薄切り肉…200g　▶ 3cm幅に切る
なす…4本
　▶ピーラーで皮を縞目に 3～4 か所むく
しょうが…1/2 かけ　▶せん切り

A {
　水…3/4 カップ
　酒、しょうゆ、みりん…各大さじ 1
　砂糖…大さじ 1/2
}

ごま油…小さじ 2

作り方

1 A は混ぜ合わせる。

2 内鍋になすを重ならないように入れて豚肉を散らし、しょうが、A を加えてごま油を回しかける。予約調理メニュー「ぶり大根」で加熱する。

HW シリーズ／メニューを選ぶ ▶ 予約メニューから探す ▶ ぶり大根 ▶ 予約 ▶ 予約時刻を設定 ▶ スタート
HT99A 以外（HT24B・HT16E・HT99B）／自動 ▶ 煮物 2-11 ▶ 予約 ▶ 予約時刻を設定 ▶ スタート
HT99A ／自動 ▶ 煮物 1-4 ▶ 予約 ▶ 予約時刻を設定 ▶ スタート

豚肉と切り昆布の煮物

予約可

むっちり、とろとろの切り昆布がヤミツキになる一品。
仕上げに白すりごま大さじ2を加え、香ばしさを足すのもオススメ。

材料（2〜3人分）加熱時間 20 分

豚バラ薄切り肉…200g　▶ 3cm幅に切る
切り昆布（乾燥）…20g

A{
酒…大さじ1
みりん、しょうゆ…各大さじ 1/2
砂糖…小さじ1

作り方

1 切り昆布はさっと洗い、水 1 と 1/2 カップに 10 分ほど浸してもどす。切り昆布ともどし汁に分け、もどし汁は 1 カップを残しておく。

2 内鍋に残しておいた切り昆布のもどし汁、**A** を入れる。豚肉を加えて菜箸でさっと混ぜ、切り昆布を加える。予約調理メニュー「かぼちゃの煮物」で加熱する。

HW シリーズ／メニューを選ぶ ▶ 予約メニューから探す ▶ かぼちゃの煮物 ▶ 予約 ▶ 予約時刻を設定 ▶ スタート

HT99A 以外（HT24B・HT16E・HT99B）／自動 ▶ 煮物 2-3 ▶ 予約 ▶ 予約時刻を設定 ▶ スタート

HT99A ／自動 ▶ 煮物 1-2 ▶ 予約 ▶ 予約時刻を設定 ▶ スタート

豚肉と長いものコチュジャン煮

予約可

大きく切った長いもを主役にすれば、ボリュームも満点。
うま辛味の豚肉とおいしくからまり、食べ飽きません。

材料（2〜3人分）加熱時間 20 分

豚こま切れ肉…200g
長いも…10cm（300g）
　▶ 1.5cm幅の輪切り
長ねぎ…1/2本　　▶斜め薄切り

A {
　にんにく…1/2 かけ　▶すりおろす
　コチュジャン、しょうゆ、酒
　　…各大さじ 1/2
　砂糖、ラー油…各小さじ 1
}

水…3/4 カップ

作り方

1 ポリ袋に豚肉、**A** を入れ、もみ込む。

2 内鍋に長ねぎを広げ、長いも、**1**、水の順に加える。予約調理メニュー「かぼちゃの煮物」で加熱し、器に盛って白いりごま適量（分量外）をふる。

HW シリーズ／メニューを選ぶ ▶ 予約メニューから探す ▶ かぼちゃの煮物 ▶ 予約 ▶ 予約時刻を設定 ▶ スタート
HT99A 以外（HT24B・HT16E・HT99B）／自動 ▶ 煮物 2-3 ▶ 予約 ▶ 予約時刻を設定 ▶ スタート
HT99A ／自動 ▶ 煮物 1-2 ▶ 予約 ▶ 予約時刻を設定 ▶ スタート

豚肉と大根の和風カレー

予約可　　まぜ技
　　　　　ユニット

やわらかく煮えた大根があとを引く、削り節を加えた和風カレー。
好みで七味唐辛子やおろししょうがを添えても。

材料（2〜3人分）加熱時間 45 分

豚バラ薄切り肉…200g
▶ 3cm長さに切る

大根…1/3 本（300g）
▶ 3cm幅のいちょう切り

玉ねぎ…1/2 個　▶薄切り
塩、こしょう…各少々
削り節…小 1 袋（4g）

A {
　水…1 と 1/2 カップ
　カレールウ（市販品）…60g
　しょうゆ…小さじ 2
}

作り方

1 豚肉は塩、こしょうをふる。削り節はお茶用のパックに入れる。

2 内鍋に玉ねぎ、大根、**1**、**A** の順に入れ、予約調理メニュー「ビーフカレー」で加熱する。

3 器に温かいごはん適量（分量外）を盛り、**2** をかける。好みで福神漬け適量（分量外）を添える。

HW シリーズ／メニューを選ぶ ▶ 予約メニューから探す ▶ ビーフカレー ▶ 予約 ▶ 予約時刻を設定 ▶ スタート
HT99A 以外（HT24B・HT16E・HT99B）／自動 ▶ カレー・スープ 1-2 ▶ 予約 ▶ 予約時刻を設定 ▶ スタート
HT99A ／自動 ▶ 煮物 1-15 ▶ 予約 ▶ 予約時刻を設定 ▶ スタート

豚肉とパプリカのスペイン風煮込み

予約可　まぜ技ユニット

パプリカパウダーの甘酸っぱさとほろ苦さで風味よく！
予約調理ではなく、普通に作る場合は、加熱を5分延長しましょう。

材料（2〜3人分）　**加熱時間** 40分

豚厚切り肉（とんかつ用）…2枚（300g）
▶ 2cm幅に切る

パプリカ（赤）…2個
▶ へたと種を除き、縦1cm幅に切る

玉ねぎ…1/2個　▶ 薄切り
塩、こしょう…各少々
パプリカパウダー…小さじ1/2

A
- 赤ワインビネガー（または酢）、
  オリーブ油…各大さじ1
- 塩…小さじ1/2
- 砂糖…少々

作り方

1 豚肉に塩、こしょうをふり、パプリカパウダーをまぶす。

2 内鍋に玉ねぎ、パプリカ、**1**、**A** の順に入れ、予約調理メニュー「ラタトゥイユ」で加熱する。器に盛り、好みでパプリカパウダー少々（分量外）をふる。

HWシリーズ／メニューを選ぶ▶ 予約メニューから探す▶ ラタトゥイユ▶ 予約▶ 予約時刻を設定▶ スタート
HT99A以外（HT24B・HT16E・HT99B）／自動▶ 煮物2-18▶ 予約▶ 予約時刻を設定▶ スタート
HT99A／自動▶ 煮物1-17▶ 予約▶ 予約時刻を設定▶ スタート

豚バラと長ねぎのとろとろ煮

予約可

青い部分まで活用した長ねぎが、口の中で溶けるようなおいしさに。
ふわっと広がる、八角の華やかな甘い香りもクセになります。

材料（2～3人分）加熱時間 65～95分

豚バラかたまり肉…250g
　▶ 3cm幅に切る
長ねぎ…3本　▶斜め薄切り
塩、こしょう…各少々

A {
水…1/2カップ
しょうゆ、砂糖、酒…各大さじ1
八角…あれば1個
}

作り方

1 豚肉に塩、こしょうをふる。**A**は混ぜ合わせる。

2 内鍋に豚肉、長ねぎ、**A**の順に入れ、予約調理メニュー「豚の角煮」で加熱する。

3 器に好みで温かいごはん適量（分量外）を盛り、**2**をかける。

HWシリーズ／メニューを選ぶ▶ 予約メニューから探す▶ 豚の角煮▶ 予約▶ 予約時刻を設定▶ スタート
HT99A以外（HT24B・HT16E・HT99B）／自動▶ 煮物 2-7▶ 予約▶ 予約時刻を設定▶ スタート
HT99A／自動▶ 煮物 1-4▶ 予約▶ 予約時刻を設定▶ スタート

ビーフストロガノフ

予約可　まぜ技ユニット

大人も子どもも大好きな、こっくりとした味わいはリピート必至。
一皿でお腹が満たされる、頼もしいメニューです。

材料（2～3人分）加熱時間45分

牛切り落とし肉…200g
マッシュルーム…6個
▶縦3等分に切る
玉ねぎ…1/2個　▶薄切り
にんにく…1かけ　▶薄切り
塩、こしょう…各少々
薄力粉…大さじ1と1/2

A{
水…3/4カップ
赤ワイン…1/4カップ
トマトケチャップ…大さじ2
ウスターソース…大さじ1
}
バター…大さじ1

作り方

1 ポリ袋に牛肉、塩、こしょうを入れてもみ込み、薄力粉を加えてまぶす。

2 内鍋に玉ねぎ、にんにく、マッシュルーム、1、A、バターの順に入れ、予約調理メニュー「ビーフストロガノフ」で加熱する。

3 器に温かいごはん適量（分量外）を盛り、2をかける。

point

内鍋に具材を入れるときは、野菜を下に広げてから牛肉をのせると、肉のうま味を野菜が吸い込みます。

HWシリーズ／メニューを選ぶ▶予約メニューから探す▶ビーフストロガノフ▶予約▶予約時刻を設定▶スタート
HT99A以外（HT24B・HT16E・HT99B）／自動▶カレー・スープ1-2▶予約▶予約時刻を設定▶スタート
HT99A／自動▶煮物1-15▶予約▶予約時刻を設定▶スタート

牛すね肉と大根のおでん

予約可

牛肉はにんにくをもみ込んで臭みを抑え、風味よく仕上げましょう。
大根と牛肉のうま味が溶け合い、煮汁もごちそうに！

材料（2〜3人分） 加熱時間 65 分

牛すね肉…300g
▶大きめのひと口大に切る

大根…1/3 本（300g）
▶ 3cm幅の半月切り

A {
にんにく…1 かけ　▶つぶす
塩…小さじ 1/4
こしょう…適量
}

削り節…小 1 袋（4g）

B {
水…1 と 1/2 カップ
酒…大さじ 2
薄口しょうゆ、みりん
　…各大さじ 1
}

作り方

1 ポリ袋に牛肉、**A** を入れ、もみ込む。削り節はお茶用のパックに入れる。

2 内鍋に **1**、大根、**B** の順に入れ、予約調理メニュー「ふろふき大根」で加熱する。器に盛り、好みで練りがらし適量（分量外）を添える。

point

時間があるときは、牛肉に下味をつけて冷蔵室に入れ、ひと晩（約 8 時間）おきましょう。味がしみ込んで、うま味が引き出されます。

HW シリーズ／メニューを選ぶ ▶ 予約メニューから探す ▶ ふろふき大根 ▶ 予約 ▶ 予約時刻を設定 ▶ スタート
HT99A 以外（HT24B・HT16E・HT99B）／自動 ▶ 煮物 2-12 ▶ 予約 ▶ 予約時刻を設定 ▶ スタート
HT99A ／自動 ▶ 煮物 1-4 ▶ 予約 ▶ 予約時刻を設定 ▶ スタート

牛肉とごぼうのしょうが煮

予約可　まぜ技ユニット

ごぼう、しょうが、山椒の香りが一体となった、極上の味。
香りをまとうことで、いつもの甘辛味によい変化を。

材料（2～3人分）加熱時間 35～40 分

牛切り落とし肉…150g

▶大きければ食べやすい大きさに切る

ごぼう…250g

▶ 7mm幅の斜め切りにする

A {
しょうが…1 かけ　▶せん切り
水…1/2 カップ
しょうゆ、酒…各大さじ 1
砂糖、みりん…各小さじ 2
実山椒の水煮…あれば小さじ 1
}

作り方

1
ごぼうは水に 5 分ほどさらし、水けをきる。A は混ぜ合わせる。

2
内鍋にごぼう、牛肉、A の順に入れ、予約調理メニュー「筑前煮」で加熱する。

HW シリーズ／メニューを選ぶ▶ 予約メニューから探す▶ 筑前煮▶ 予約▶ 予約時刻を設定▶ スタート
HT99A 以外（HT24B・HT16E・HT99B）／自動▶ 煮物 2-2 ▶ 予約▶ 予約時刻を設定▶ スタート
HT99A ／自動▶ 煮物 1-17 ▶ 予約▶ 予約時刻を設定▶ スタート

牛すね肉とにんじんのポトフ

予約可

大きく切ってじっくり煮た、にんじんの甘さは感動もの！
時間にゆとりがあるときは、牛すね肉に下味をつけて 2 時間以上おくと◎。

材料(2～3人分)　加熱時間 65 分

牛すね肉…250g
　▶大きめのひと口大に切る

にんじん…2 本　　▶斜め半分に切る

にんにく…1 かけ　　▶つぶす

塩…小さじ 1/2

A {
　昆布(3×3cmのもの)…1 枚
　ローリエ…1 枚
　水…3 カップ
　酒…大さじ 2
　しょうゆ…大さじ 1 と 1/2
}

作り方

1　ポリ袋に牛肉、塩、にんにくを入れ、もみ込む。

2　内鍋に 1、にんじん、A の順に入れ、予約調理メニュー「ふろふき大根」で加熱する。

HW シリーズ／メニューを選ぶ ▶ 予約メニューから探す ▶ ふろふき大根 ▶ 予約 ▶ 予約時刻を設定 ▶ スタート
HT99A 以外 (HT24B・HT16E・HT99B)／自動 ▶ 煮物 2-12 ▶ 予約 ▶ 予約時刻を設定 ▶ スタート
HT99A ／自動 ▶ 煮物 1-4 ▶ 予約 ▶ 予約時刻を設定 ▶ スタート

包まない
ロールキャベツ

予約可

芯までやわらかなキャベツと、ふっくらとした肉だねが格別の味わい！
存在感のある仕上がりは、おもてなし料理としても喜ばれます。

材料(2～3人分) 加熱時間65分

A {
合いびき肉…250g
玉ねぎ…1/4個　▶みじん切り
卵…1個　▶溶きほぐす
パン粉…大さじ3
塩…小さじ1/3
こしょう、ナツメグ…各適量
}

キャベツ…大1/4個
▶4等分のくし形に切る

B {
ローリエ…1枚
水…1カップ
酒…大さじ2
しょうゆ…小さじ1
顆粒コンソメスープの素…小さじ1/2
}

作り方

1 ボウルに **A** を入れてよく練り混ぜ、4等分にして軽く丸める。

2 内鍋にキャベツ1切れと **1** の1/4量を交互に全量入れ、**B** を加える。予約調理メニュー「ロールキャベツ」で加熱し、器に盛って好みで粒マスタード適量(分量外)を添える。

point

ひとつずつ包む、面倒な作業は不要！　交互に重ねて入れることで、それぞれのうま味がしみ込みます。

HWシリーズ／メニューを選ぶ▶予約メニューから探す▶ロールキャベツ▶予約▶予約時刻を設定▶スタート
HT99A以外（HT24B・HT16E・HT99B）／自動▶煮物2-12▶予約▶予約時刻を設定▶スタート
HT99A／自動▶煮物1-4▶予約▶予約時刻を設定▶スタート

厚揚げのマーボー煮

予約可

豆板醤のピリッとした辛さを効かせた、定番の中華料理をアレンジ。
厚揚げで作ることで、豆腐よりもガッツリとした仕上がりに。

材料（2〜3人分）加熱時間 20 分

豚ひき肉…150g
厚揚げ…1 枚（250g）
▶熱湯を回しかけて油抜きをし、
1.5cm角に切る

A
にんにく、しょうが…各1かけ
　▶みじん切り
水…1/2 カップ
酒、ごま油、みそ…各大さじ1
片栗粉…小さじ1
豆板醤…小さじ 1/4
塩、こしょう…各少々

作り方

1 内鍋に **A** を入れてよく混ぜ、ひき肉を加えて菜箸でほぐすようにして混ぜる。厚揚げを加え、予約調理メニュー「かぼちゃの煮物」で加熱する。

2 器に **1** を盛って万能ねぎ（斜め薄切り）適量（分量外）をのせ、好みで粉山椒少々（分量外）をふる。

HW シリーズ／メニューを選ぶ ▶ 予約メニューから探す ▶ かぼちゃの煮物 ▶ 予約 ▶ 予約時刻を設定 ▶ スタート
HT99A 以外（HT24B・HT16E・HT99B）／自動 ▶ 煮物 2-3 ▶ 予約 ▶ 予約時刻を設定 ▶ スタート
HT99A ／自動 ▶ 煮物 1-2 ▶ 予約 ▶ 予約時刻を設定 ▶ スタート

白菜の担担煮

予約可

白菜の甘味が引き出され、カサも減ってたくさん食べられます。
ザーサイの塩味や辛味で、おいしさをさらにアップしましょう。

材料（2〜3人分） 加熱時間 45 〜 65 分

豚ひき肉…150g
白菜…1/4 株（300g） ▶縦半分に切る
塩、こしょう…各少々

A {
　水…1/2 カップ
　白練りごま、酒…各大さじ 2
　しょうゆ…大さじ 1
　砂糖…小さじ 2
　豆板醤（またはラー油）…小さじ 1/3
}

B {
　ザーサイ（味つき）…30g ▶みじん切り
　長ねぎ…5cm ▶みじん切り
}

作り方

1 ひき肉に塩、こしょうをふる。**A** は混ぜ合わせる。

2 白菜は 1/2 量ずつ葉先と根元が互い違いになるように内鍋に入れる。ひき肉を全体に広げてのせ、**A** を加えて **B** を散らす。予約調理メニュー「ぶり大根」で加熱する。

HW シリーズ／メニューを選ぶ ▶ 予約メニューから探す ▶ ぶり大根 ▶ 予約 ▶ 予約時刻を設定 ▶ スタート
HT99A 以外（HT24B・HT16E・HT99B） ／自動 ▶ 煮物 2-11 ▶ 予約 ▶ 予約時刻を設定 ▶ スタート
HT99A ／自動 ▶ 煮物 1-4 ▶ 予約 ▶ 予約時刻を設定 ▶ スタート

キーマカレー

予約可　まぜ技
　　　　ユニット

豆の食感とトマトの酸味が魅力的な、さっぱりとしたカレー。
レモンをしぼったり、パンにのせて食べたりしても！

材料(2〜3人分)　加熱時間 20 〜 45 分

豚ひき肉…200g
ひよこ豆の水煮缶…200g
玉ねぎ…1 個　▶粗みじん切り
塩、こしょう…各少々

A {
トマト缶(カットタイプ)…1/2 缶(200g)
にんにく、しょうが…各 1 かけ
　▶すりおろす
赤唐辛子…1 本
　▶半分に折り、種を除く
カレー粉…大さじ 2
トマトケチャップ、ウスターソース
　…各大さじ 1
}

作り方

1　ひき肉に塩、こしょうをふる。

2　内鍋に玉ねぎ、ひよこ豆、1、A の順に入れ、予約調理メニュー「キーマカレー」で加熱する。味を見て足りなければ、塩、こしょう各少々(分量外)を加える。

3　器に温かいごはん適量(分量外)を盛り、2 をかける。

HW シリーズ／メニューを選ぶ ▶ 予約メニューから探す ▶ キーマカレー ▶ 予約 ▶ 予約時刻を設定 ▶ スタート
HT99A 以外（HT24B・HT16E・HT99B）／自動 ▶ カレー・スープ 1-3 ▶ 予約 ▶ 予約時刻を設定 ▶ スタート
HT99A ／自動 ▶ 煮物 1-15 ▶ 予約 ▶ 予約時刻を設定 ▶ スタート

ホワイトボロネーゼ風

予約可　まぜ技
ユニット

淡泊でホクホクとしたカリフラワーは、やさしいクリーム煮にピッタリ。
ゴロッとしたミートボールで、大充実のボリュームに。

材料（2〜3人分）　加熱時間 20 〜 45 分

A{
　豚ひき肉…200g
　塩、こしょう…各少々
カリフラワー…小 1 株（200g）
　▶大きめの小房に分ける
玉ねぎ…1/2 個　▶薄切り
薄力粉…大さじ 1

B{
　にんにく…少々　▶すりおろす
　水…1/2 カップ
　しょうゆ…大さじ 1/2
　バター…小さじ 1
　ナツメグ…少々
生クリーム…1 カップ

作り方

1 ボウルに A を入れて練り混ぜ、ひと口大に丸めて薄力粉を薄くまぶす。

2 内鍋に玉ねぎ、カリフラワーの順に入れ、1 を間隔をあけてのせる。B を加え、予約調理メニュー「キーマカレー」で加熱する。生クリームを加え、「保温」で 5 分温める。

3 器に好みで温かいごはん適量（分量外）を盛り、2 をかけて粗びき黒こしょう少々（分量外）をふる。

HW シリーズ／メニューを選ぶ▶ 予約メニューから探す▶ キーマカレー▶ 予約▶ 予約時刻を設定▶ スタート
HT99A 以外（HT24B・HT16E・HT99B）／自動▶ カレー・スープ 1-3 ▶ 予約▶ 予約時刻を設定▶ スタート
HT99A ／自動▶ 煮物 1-15 ▶ 予約▶ 予約時刻を設定▶ スタート

クミンボールとにんじんのさっぱり煮

予約可

マンネリになりがちな食卓に変化をくれる一皿。
華やかなエスニックの香りで、気分も盛り上がります。

材料(2〜3人分) 加熱時間 65 分

A {
鶏ひき肉…200g
クミン…小さじ 1
塩、こしょう…各少々
}

にんじん…2 本 ▶大きめの乱切り
玉ねぎ…1/4 個 ▶薄切り

B {
水…1/4 カップ
オリーブ油…小さじ 2
ナンプラー…小さじ 1
}

塩、こしょう…各少々

作り方

1
ボウルに **A** を入れて練り混ぜ、8 等分に丸める。

2
内鍋に玉ねぎ、にんじんの順に入れ、**1** を間隔をあけてのせる。**B** を加え、予約調理メニュー「ふろふき大根」で加熱する。塩、こしょうを加えて味を調え、器に盛って好みでレモン適量(分量外)を添える。

HW シリーズ／メニューを選ぶ▶ 予約メニューから探す▶ ふろふき大根▶ 予約▶ 予約時刻を設定▶ スタート
HT99A 以外（HT24B・HT16E・HT99B）／自動▶ 煮物 2-12▶ 予約▶ 予約時刻を設定▶ スタート
HT99A ／自動▶ 煮物 1-4▶ 予約▶ 予約時刻を設定▶ スタート

ひき肉と大豆のチリコンカン

予約可　　まぜ技ユニット

ピリッとしたうま辛味は、お酒のつまみとしても大好評間違いなし！
レタスなどの葉野菜で包んで食べるのも美味です。

材料(2〜3人分) 加熱時間 30 分

A {
　合いびき肉…200g
　塩、こしょう…各少々
　薄力粉…大さじ 1/2
}

大豆水煮缶…150g
玉ねぎ…1/4 個　▶みじん切り
にんにく…1/2 かけ　▶みじん切り

B {
　トマト缶(カットタイプ)…1/2 缶(200g)
　水…75㎖
　トマトケチャップ…大さじ 2
　チリパウダー…小さじ 1
　塩…小さじ 1/3
　タバスコ…少々
}

作り方

1 ボウルに **A** を表記順に入れ、さっと混ぜる。

2 内鍋に **B**、1 の順に入れ、そのつどよく混ぜる。大豆、玉ねぎ、にんにくを加え、予約調理メニュー「チリコンカン」で加熱する。器に盛って好みでパセリ(みじん切り)少々 (分量外)を散らし、バゲット適量(分量外)を添える。

HW シリーズ／メニューを選ぶ▶ 予約メニューから探す▶ チリコンカン▶ 予約▶ 予約時刻を設定▶ スタート
HT99A 以外 (HT24B・HT16E・HT99B) ／自動▶ 煮物 2-9 ▶ 予約▶ 予約時刻を設定▶ スタート
HT99A ／自動▶ 煮物 1-19 ▶ 予約▶ 予約時刻を設定▶ スタート

いわしとしいたけの梅煮

予約可

時間をかけて煮るからこそ、滋味深いおいしさに。
梅干しの酸味としょうがの香りが、家庭料理のレベルを引き上げます。

材料（2～3人分）加熱時間 150 分

いわし…4 尾
▶うろこを取り除いて頭と尾を切り落とし、
内臓を除く。長さを半分に切ってよく洗い、
水けをふく

しいたけ…6 枚
▶石づきを除き、1cm 幅に切る

しょうが（皮つきのもの）…1 かけ
▶薄切り

梅干し（塩分 16%）…1 個

A {
水…1/2 カップ
酒、みりん…各大さじ 2
しょうゆ…大さじ 1/2
酢…小さじ 1
}

作り方

1
内鍋にしいたけを入れてしょうが
を散らし、いわしを重ならないよ
うにのせる。梅干し、**A** を加え、
予約調理メニュー「いわしの骨ま
でやわらか煮」で加熱する。

point
いわし同士は、重ならないよ
うに入れてください。くっつ
いてしまうと、皮がはがれた
り、形が崩れたりする原因に。

HW シリーズ／メニューを選ぶ▶ 予約メニューから探す▶ いわしの骨までやわらか煮▶ 予約▶ 予約時刻を設定▶ スタート
HT99A 以外（HT24B・HT16E・HT99B）／自動▶ 煮物 2-20 ▶ 予約▶ 予約時刻を設定▶ スタート
HT99A ／自動▶ 煮物 1-11 ▶ 予約▶ 予約時刻を設定▶ スタート

たらと白菜のバターじょうゆ煮

予約可

ほろっと崩れる、たらのやわらかな食感がクセになります。
淡泊な食材には、まろやかなバターでコクを足しましょう。

材料（2〜3人分）加熱時間 45 〜 65 分

たら…3 切れ　▶ ひと口大に切る
白菜…1/4 株（400g）　▶ 4cm長さに切る
塩…小さじ 1/4

A｛水…75ml
バター、酒…各大さじ 2
しょうゆ…小さじ 2

作り方

1 たらに塩をふって 10 分ほどおき、水けをふく。

2 内鍋に白菜を入れて **1** を重ならないようにのせ、**A** を加える。予約調理メニュー「ぶり大根」で加熱する。

po int

切り身魚は、臭みを抑えるひと手間が大事！　塩をふって 10 分ほどおき、出てきた水けをペーパータオルでふきましょう。

HW シリーズ／メニューを選ぶ ▶ 予約メニューから探す ▶ ぶり大根 ▶ 予約 ▶ 予約時刻を設定 ▶ スタート
HT99A 以外（HT24B・HT16E・HT99B）／自動 ▶ 煮物 2-11 ▶ 予約 ▶ 予約時刻を設定 ▶ スタート
HT99A ／自動 ▶ 煮物 1-4 ▶ 予約 ▶ 予約時刻を設定 ▶ スタート

鮭とさつまいもの粒マスタード煮

使い勝手のよい鮭は、どんな食材ともバランスよくまとまって便利。
粒マスタードのマイルドな酸味が、さつまいもの甘さとマッチします。

材料(2〜3人分) 加熱時間 45 〜 65 分

生鮭…2 切れ　▶ひと口大に切る

さつまいも…1 本(300g)

▶ 2cm厚さの輪切り

玉ねぎ…1/2 個　▶薄切り

塩…小さじ 1/4

こしょう…適量

A { 水…1/2 カップ
酒、粒マスタード…各大さじ 1
しょうゆ、はちみつ…各小さじ 1

バター…小さじ 2

作り方

1 鮭に塩をふって 10 分ほどおき、水けをふいてこしょうをふる。**A** は混ぜ合わせる。

2 内鍋に玉ねぎ、さつまいも、鮭、**A** の順に入れ、バターを散らす。予約調理メニュー「ぶり大根」で加熱する。

HW シリーズ／メニューを選ぶ ▶ 予約メニューから探す ▶ ぶり大根 ▶ 予約 ▶ 予約時刻を設定 ▶ スタート

HT99A 以外（HT24B・HT16E・HT99B）／自動 ▶ 煮物 2-11 ▶ 予約 ▶ 予約時刻を設定 ▶ スタート

HT99A ／自動 ▶ 煮物 1-4 ▶ 予約 ▶ 予約時刻を設定 ▶ スタート

たこのピリ辛トマト煮

予約可　まぜ技
ユニット

ホットクックで煮ることで、たこが驚きのやわらかさに！
切らずにダイナミックに調理し、うま味を存分に感じてください。

材料（2～3人分）加熱時間65分

ゆでだこ…300g
玉ねぎ…1/2 個　▶薄切り

A {
　トマト缶（カットタイプ）
　　…1/2 缶（200g）
　赤唐辛子…1本
　　▶半分に切り、種を除く
　ローリエ…1枚
　白ワイン…大さじ2
　オリーブ油…大さじ1
　しょうゆ…小さじ1
　塩…小さじ1/4
}

作り方

1　内鍋に玉ねぎ、たこ、**A**の順に入れ、予約調理メニュー「チキンと野菜のカレー（無水カレー）」で加熱する。

2　好みでフィットチーネ適量（分量外）を袋の表示通りにゆでて器に盛り、**1**をかける。好みでパセリ（みじん切り）少々（分量外）を散らす。

HWシリーズ／メニューを選ぶ ▶ 予約メニューから探す ▶ チキンと野菜のカレー（無水カレー）▶ 予約 ▶ 予約時刻を設定 ▶ スタート

HT99A 以外（HT24B・HT16E・HT99B）／自動 ▶ カレー・スープ 1-1 ▶ 予約 ▶ 予約時刻を設定 ▶ スタート

HT99A ／自動 ▶ 煮物 1-14 ▶ 予約 ▶ 予約時刻を設定 ▶ スタート

さばとごぼうのしょうが煮

予約可

素朴な和食が体にしみ渡り、ほっと癒やされます。
脂がのったさばと香りのよいごぼうで、至福のひとときを。

材料（2〜3人分）　加熱時間 45〜65分

さば（二枚におろしたもの）
　　…1/2 尾分（170g）
　▶ 4 等分に切る
ごぼう（細めのもの）…1 本（100g）
　▶ 4cm長さに切る
しょうが（皮つきのもの）…1/2 かけ
　▶薄切り
塩…少々

A{ 水…1 カップ
　 酒…1/2 カップ
　 しょうゆ、みりん…各大さじ1

作り方

1 さばに塩をふって 10 分ほどおき、水けをふく。ごぼうは水に 5 分ほどさらし、水けをきる。

2 内鍋にごぼう、さば、しょうが、A の順に入れ、予約調理メニュー「ぶり大根」で加熱する。

HW シリーズ／メニューを選ぶ ▶ 予約メニューから探す ▶ ぶり大根 ▶ 予約 ▶ 予約時刻を設定 ▶ スタート
HT99A 以外（HT24B・HT16E・HT99B）／自動 ▶ 煮物 2-11 ▶ 予約 ▶ 予約時刻を設定 ▶ スタート
HT99A ／自動 ▶ 煮物 1-4 ▶ 予約 ▶ 予約時刻を設定 ▶ スタート

ほたてと大根の煮物

予約可

ほたてはうま味が詰まった缶汁ごと加え、大根に吸わせましょう。
献立にあと一品欲しいときにも役立つ、簡単メニュー。

材料（2〜3人分） 加熱時間 65 分

ほたて（貝柱）水煮缶…1 缶（120g）
大根…1/3 本（300g）
　▶小さめの乱切り
削り節…小 1/4 袋（1g）

A {
　しょうが（皮つきのもの）…1/2 かけ
　　▶薄切り
　水…1/2 カップ
　酒…大さじ 1
　薄口しょうゆ…小さじ 1
}

作り方

1 削り節はお茶用のパックに入れる。

2 内鍋に大根、1、A の順に入れ、ほたてを缶汁ごと加える。予約調理メニュー「ふろふき大根」で加熱する。

HW シリーズ／メニューを選ぶ▶ 予約メニューから探す▶ ふろふき大根▶ 予約▶ 予約時刻を設定▶ スタート
HT99A 以外（HT24B・HT16E・HT99B）／自動▶ 煮物 2-12 ▶ 予約▶ 予約時刻を設定▶ スタート
HT99A ／自動▶ 煮物 1-4 ▶ 予約▶ 予約時刻を設定▶ スタート

ぶりのキムチコチュジャン煮

予約可

うま味が強いぶりには、味の濃いキムチがよく合います。
お酒もごはんもどんどん進んでしまう、万能なおいしさ。

材料（2〜3人分）加熱時間 45 〜 65 分

ぶり…2 切れ　▶ 3 等分に切る
白菜キムチ…80g　▶ ざく切り
長ねぎ…1/2 本　▶斜め薄切り
塩…少々

A{
水…1 カップ
みりん、酒、ごま油…各大さじ 1
コチュジャン…小さじ 1

作り方

1 ぶりに塩をふって 10 分ほどおき、水けをふく。A は混ぜ合わせる。

2 内鍋に長ねぎ、キムチ、ぶり、A の順に入れ、予約調理メニュー「ぶり大根」で加熱する。

HW シリーズ／メニューを選ぶ▶ 予約メニューから探す▶ ぶり大根▶ 予約▶ 予約時刻を設定▶ スタート
HT99A 以外（HT24B・HT16E・HT99B）／自動▶ 煮物 2-11 ▶ 予約▶ 予約時刻を設定▶ スタート
HT99A ／自動▶ 煮物 1-4 ▶ 予約▶ 予約時刻を設定▶ スタート

めかじきの高菜煮

予約可

高菜漬けの塩味とごま油の風味が、味の決め手に！
めかじきは、同量のぶりやたらでもアレンジが可能です。

材料(2〜3人分)　加熱時間 45 〜 65 分

めかじき…2 切れ (200g)
▶ ひと口大に切る
高菜漬け(刻んだもの)…20g
しょうが…1 かけ　▶ みじん切り
塩…少々

A {
水…1 カップ
オイスターソース、ごま油、酢
　…各小さじ 2
砂糖…小さじ 1
}

作り方

1 めかじきに塩をふって 10 分ほど
おき、水けをふく。A は混ぜ合わ
せる。

2 内鍋にめかじき、高菜漬けの順に
入れ、しょうがを散らして A を加
える。予約調理メニュー「ぶり大根」
で加熱する。

HW シリーズ／メニューを選ぶ▶ 予約メニューから探す▶ ぶり大根▶ 予約▶ 予約時刻を設定▶ スタート
HT99A 以外 (HT24B・HT16E・HT99B)　／自動▶ 煮物 2-11 ▶ 予約▶ 予約時刻を設定▶ スタート
HT99A ／自動▶ 煮物 1-4 ▶ 予約▶ 予約時刻を設定▶ スタート

ホットクックで 副菜

野菜を主役にしたメニューは、栄養たっぷりで彩りも鮮やか！
献立にあと1品欲しいときや、お弁当作りに困ったときにも重宝する、
とっておきのラインナップをお届けします。

加熱時間 5 ～ 10 分

小松菜のシャキシャキ感がヤミツキに
小松菜の塩昆布あえ

まぜ技
ユニット

材料(2人分)
小松菜…1束 ▶長さを半分
に切り、根元は十字に切り込
みを入れる

A ｜ 塩昆布…小さじ2(4g)
▶粗く刻む
しょうゆ、みりん
…各小さじ2

作り方

1 内鍋の真ん中をあける
ようにして小松菜を水
けがついたまま入れ、水大さじ
2を加える。自動調理メニュー
「ほうれん草・小松菜(ゆで)」で
加熱し、そのまま1分蒸らす。

2 小松菜を冷水にとって水
けをきり、3cm長さに切
る。ボウルに入れ、Aを加えて
あえる。

HWシリーズ／メニューを選ぶ ▶カテゴリーで探す ▶ゆで物 ▶ほうれん草・小松菜 (ゆで) ▶スタート
HT99A 以外 (HT24B・HT16E・HT99B) ／自動 ▶ゆで物 3-1 ▶スタート
HT99A ／自動 ▶野菜ゆで 3-1 ▶スタート

マスタードのマイルドな酸味ときのこが合う！
きのこの粒マスタードマリネ

まぜ技
ユニット

材料(2人分)
しいたけ…4枚
▶石づきを除き、1cm厚さに切る
しめじ…1パック(100g)
▶石づきを除き、食べやすい大きさにほぐす
にんにく…1/2かけ ▶つぶす

A ｜ オリーブ油…大さじ1
白ワインビネガー…大さじ1/2
粒マスタード、しょうゆ…各小さじ1

作り方

1 Aは混ぜ合わせる。

2 内鍋の真ん中をあけるようにしてき
のこ、にんにくを入れ、Aを加える。
自動調理メニュー「ほうれん草・小松菜(ゆ
で)」で加熱する。

加熱時間 10 分

HWシリーズ／メニューを選ぶ ▶カテゴリーで探す ▶ゆで物 ▶ほうれん草・小松菜 (ゆで) ▶スタート
HT99A 以外 (HT24B・HT16E・HT99B) ／自動 ▶ゆで物 3-1 ▶スタート
HT99A ／自動 ▶野菜ゆで 3-1 ▶スタート

バターが香る！ 濃密なおいしさに満たされる

かぼちゃのすりごまバター

まぜ技
ユニット

材料(2～3人分)
かぼちゃ…200g
▶種とわたを除き、3cm角に切る

A
| バター…大さじ2
| ▶室温にもどす
| 白すりごま…大さじ1
| レモンのしぼり汁
| …小さじ1

作り方

1 内鍋の真ん中をあけるようにして、かぼちゃを皮を下にして入れる。水大さじ3を加え、Aを混ぜ合わせてところどころにのせる。自動調理メニュー「いも・かぼちゃ（ゆで）」で加熱し、そのまま1分蒸らしてさっと混ぜる。

加熱時間 20～25分

| HW シリーズ／メニューを選ぶ ▶カテゴリーで探す ▶ゆで物 ▶いも・かぼちゃ（ゆで） ▶スタート |
| HT99A 以外（HT24B・HT16E・HT99B） ／自動▶ゆで物 3-4 ▶スタート |
| HT99A ／自動▶野菜ゆで 3-4 ▶スタート |

ガッツリ味が、かぶの甘みを引き立てる

かぶのアンチョビガーリック

まぜ技
ユニット

材料(2人分)
かぶ…2個 ▶6等分に切り、葉は4cm長さに切る
アンチョビ…2枚

A
| にんにく…1/2かけ
| ▶粗みじん切り
| 水…大さじ3
| オリーブ油…大さじ1
| 塩…小さじ1/3
| こしょう…少々

作り方

1 内鍋の真ん中をあけるようにしてかぶを入れ、Aを加える。自動調理メニュー「いも・かぼちゃ（ゆで）」で加熱し、かぶの葉を加えてそのまま1分蒸らす。器に盛り、アンチョビをのせる。

加熱時間 20～25分

| HW シリーズ／メニューを選ぶ ▶カテゴリーで探す ▶ゆで物 ▶いも・かぼちゃ（ゆで） ▶スタート |
| HT99A 以外（HT24B・HT16E・HT99B） ／自動▶ゆで物 3-4 ▶スタート |
| HT99A ／自動▶野菜ゆで 3-4 ▶スタート |

しょうが×昆布の風味が効いている！

アスパラガスの南蛮漬け

まぜ技
ユニット

材料(2人分)
アスパラガス…4～6本
▶根元を1cmほど切り落とし、下側5cmの皮をむいて4cm長さに切る

A
| 昆布（3×3cm）…1枚
| ▶せん切り
| しょうが…1/2かけ
| ▶せん切り
| 水…75mℓ
| しょうゆ、酢…各小さじ2
| 砂糖…小さじ1/2

作り方

1 ボウルにAを入れ、混ぜ合わせる。

2 内鍋の真ん中をあけるようにしてアスパラガスを入れ、水大さじ2を加える。自動調理メニュー「アスパラガス（ゆで）」で加熱する。水けをきって1に加え、5分ほど漬ける。

| HW シリーズ／メニューを選ぶ ▶カテゴリーで探す ▶ゆで物 ▶アスパラガス（ゆで） ▶スタート |
| HT99A 以外（HT24B・HT16E・HT99B） ／自動▶ゆで物 3-3 ▶スタート |
| HT99A ／自動▶野菜ゆで 3-3 ▶スタート |

加熱時間 10～15分

レモンのさわやかな香りがアクセント

ブロッコリーのしらすあえ

まぜ技
ユニット

材料(2人分)
ブロッコリー
　…1/3株(100g)
▶小房に分ける
　　しらす干し
　　　…小さじ2
A　レモンのしぼり汁、
　　しょうゆ
　　　…各小さじ1

作り方

1 内鍋の真ん中をあけるよう
にして、ブロッコリーを水
けがついたまま入れる。水大さじ
2を加えて自動調理メニュー「ブ
ロッコリー(ゆで)」で加熱し、ざる
にのせて粗熱を取る。

2 ボウルに1、Aを入れ、あ
える。

加熱時間 10 〜 15 分

| HW シリーズ/メニューを選ぶ▶カテゴリーで探す▶ゆで物▶ブロッコリー(ゆで)▶スタート |
| HT99A 以外(HT24B・HT16E・HT99B)／自動▶ゆで物 3-2 ▶スタート |
| HT99A ／自動▶野菜ゆで 3-2 ▶スタート |

クリーミーなマヨソースをたっぷりかけると◎

さやいんげんとゆで卵のサラダ

まぜ技
ユニット

材料(2人分)
さやいんげん…12本
▶へたを除く
ゆで卵…2個
　　マヨネーズ…大さじ2
A　酢…小さじ1
　　はちみつ…小さじ1/2
粗びき黒こしょう…少々

作り方

1 内鍋の真ん中をあけるよう
にしてさやいんげんを入れ、
水大さじ2を加える。自動調理メ
ニュー「ほうれん草・小松菜(ゆで)」
で加熱し、そのまま1分蒸らす。

2 1の水けをきって器に盛り、
ゆで卵を食べやすい大きさ
に割ってのせる。Aを混ぜ合わせて
かけ、黒こしょうをふる。

加熱時間 5 〜 10 分

| HW シリーズ/メニューを選ぶ▶カテゴリーで探す▶ゆで物▶ほうれん草・小松菜(ゆで)▶スタート |
| HT99A 以外(HT24B・HT16E・HT99B)／自動▶ゆで物 3-1 ▶スタート |
| HT99A ／自動▶野菜ゆで 3-1 ▶スタート |

シンプルな調味で、素材の味を楽しむ

じゃがいもとアボカドのサラダ

まぜ技
ユニット

材料(2〜3人分)
じゃがいも…2個
▶8等分に切る
アボカド…1個
▶縦半分に切って種と皮
を除き、ひと口大に切る
　　オリーブ油、酢、
　　マヨネーズ
A　…各大さじ1
　　塩…小さじ1/3

作り方

1 じゃがいもは水に5分ほどさ
らし、水けをきる。

2 内鍋の真ん中をあけるように
して1を入れ、水1/4カップ
を加える。自動調理メニュー「いも・
かぼちゃ(ゆで)」で加熱し、そのまま
1分蒸らす。温かいうちにボウルに
入れ、Aを加えてあえる。粗熱を取り、
アボカドを加えて混ぜる。

加熱時間 20 〜 25 分

| HW シリーズ/メニューを選ぶ▶カテゴリーで探す▶ゆで物▶いも・かぼちゃ(ゆで)▶スタート |
| HT99A 以外(HT24B・HT16E・HT99B)／自動▶ゆで物 3-4 ▶スタート |
| HT99A ／自動▶野菜ゆで 3-4 ▶スタート |

2

ホットクックで
定番おかず

カレー、肉じゃが、シチュー、ポトフ、トマト煮……など、
家族も喜ぶ定番おかずをたっぷりとご紹介します。
食べ慣れた味だからこそ、手軽にホットクックで作れる
感動はひとしお！　ぜひ、お試しください。

チキンカレー

予約可　まぜ技ユニット

骨つき肉のうま味を生かした、サラッとしたスープカレー。
とろみをつけたい場合は、玉ねぎに薄力粉大さじ2をまぶしてください。

材料（2〜3人分）加熱時間65分

鶏もも骨つき肉…500〜600g
▶ぶつ切り
玉ねぎ…1個　▶薄切り

A {
にんにく、しょうが…各1かけ
▶すりおろす
プレーンヨーグルト（無糖）
…1/2カップ
カレー粉…大さじ3
塩…小さじ1/2
}

B {
赤唐辛子…1本　▶半分に切り、種を除く
水…1/2カップ
}

作り方

1 ポリ袋に鶏肉、**A** を入れ、よくもみ込む。

2 内鍋に玉ねぎ、**1**、**B** を入れ、自動調理メニュー「チキンと野菜のカレー（無水カレー）」で加熱する。味を見て足りなければ塩小さじ1/3（分量外）を加え、器に盛って温かいごはん、レモン各適量（分量外）を添える。

Point

鶏肉にヨーグルトをもみ込むと、ほぐれるようなやわらかさに！　味わいもまろやかになります。

HWシリーズ／メニューを選ぶ▶ カテゴリーで探す▶ カレー・シチュー▶ チキンと野菜のカレー（無水カレー）▶ スタート
HT99A以外（HT24B・HT16E・HT99B）／自動▶ カレー・スープ 1-1▶ スタート
HT99A／自動▶ 煮物 1-14▶ スタート

肉じゃが

まぜ技
ユニット

牛肉とじゃがいもだけで作る、究極のシンプルさが魅力。
じゃがいもは大きめに切って煮崩れを防ぎ、ホクホク感を楽しみましょう。

材料（2〜3人分）加熱時間35分

牛切り落とし肉…200g
じゃがいも…3個　▶半分に切る

A { 水…1/2カップ
酒、みりん、しょうゆ
　…各大さじ1
砂糖…小さじ2

作り方

1 じゃがいもは水に5分ほどさらす。
Aは混ぜ合わせる。

2 内鍋にじゃがいもを水けがついた
まま入れ、牛肉、Aの順に加える。
菜箸で牛肉をほぐし、自動調理メ
ニュー「肉じゃが」で加熱する。

Point

水にさらしたじゃがいもは、水
けがついたまま内鍋に入れ、乾
燥を防ぐと◎。牛肉はくっつか
ないように、ほぐしてください。

HWシリーズ／メニューを選ぶ▶カテゴリーで探す▶煮物▶肉▶肉じゃが▶スタート

HT99A以外（HT24B・HT16E・HT99B）／自動▶煮物2-1▶スタート

HT99A／自動▶煮物1-1▶スタート

えびチリ

えびは片栗粉をもみ込んでから洗うと、臭みを抑えられます。
さらにごま油で下味をつけることで、プリッと弾力のある食感に。

まぜ技
ユニット

材料（2～3人分）加熱時間 14 分

えび…10 尾
▶尾を残して殻をむき、背わたを除く

A {
　塩、片栗粉…各適量
}

B {
　ごま油、片栗粉…各小さじ 1/2
　塩、こしょう…各少々
}

C {
　にんにく、しょうが…各 1/2 かけ
　▶すりおろす
　水…1/4 カップ
　トマトケチャップ…大さじ 3
　砂糖…小さじ 1
　顆粒鶏がらスープの素…小さじ 1/2
　豆板醤…小さじ 1/4
}

作り方

1
えびは A をもみ込み、流水で洗って水けをふく。ポリ袋に入れ、B を加えてもみ込む。C は混ぜ合わせる。

2
内鍋にえび、C を入れ、手動「炒める（4分）」で加熱する。器に盛り、好みで長ねぎ（白い部分・刻む）適量（分量外）をのせる。

HW シリーズ／手動で作る▶炒める▶4 分▶スタート

HT99A 以外（HT24B・HT16E・HT99B）／手動▶煮物 2-1（まぜる）▶4 分▶スタート

HT99A ／手動▶煮物 1-1（まぜる）▶4 分▶スタート

かぼちゃのそぼろ煮

予約可

だし汁不要！　削り節をひき肉や調味料と混ぜるだけで OK。
時間があれば、かぼちゃの皮をところどころむくと、味が入りやすくなります。

材料（2〜3人分）加熱時間 20 分

鶏ひき肉…150g
かぼちゃ…300g
▶種とわたを除き、3cm角に切る

A{
しょうが…1 かけ　▶すりおろす
水…3/4 カップ
みそ、みりん、酒…各大さじ 1
}

削り節…小 1/2 袋(2g)

作り方

1　内鍋に A を入れ、よく混ぜてみそを溶かす。

2　1 にひき肉、削り節を加え、菜箸でほぐす。かぼちゃを加え、自動調理メニュー「かぼちゃの煮物」で加熱する。器にかぼちゃを盛り、ひき肉をほぐしてからのせて煮汁をかける。

HW シリーズ／メニューを選ぶ▶ カテゴリーで探す▶ 煮物▶ 野菜▶ かぼちゃの煮物▶ スタート

HT99A 以外（HT24B・HT16E・HT99B）／自動▶ 煮物 2-3 ▶ スタート

HT99A ／自動▶ 煮物 1-2 ▶ スタート

いかと里いもの煮物

ねっとりとした里いもが至福の味わい。
いかのうま味がたっぷりの煮汁をからめながらどうぞ。

材料(2〜3人分) 加熱時間 35 〜 45 分

するめいか…1 ぱい (正味 250g)
▶胴は 2cm幅に切り、足は 2 本ずつに
切り分ける

里いも…6 個(500g)
削り節…小 1/2 袋 (2g)
しょうが (皮つきのもの)…1/2 かけ
▶薄切り

A {
水…大さじ 3
しょうゆ…大さじ 1 と 1/2
酒、みりん…各大さじ 1
砂糖…小さじ 1
}

塩…少々

作り方

1 削り節はお茶用のパックに入れる。
A は混ぜ合わせる。

2 里いもは塩をもみ込み、流水で洗っ
てぬめりを取る。水けがついたま
ま内鍋の真ん中をあけるようにし
て入れ、いか、しょうが、1 の順
に加える。自動調理メニュー「た
こと里いもの煮物」で加熱し、器
に盛って好みでゆずの皮少々(分量
外)を添える。

HW シリーズ／メニューを選ぶ ▶ カテゴリーで探す ▶ 煮物 ▶ 魚介 ▶ たこと里いもの煮物 ▶ スタート

HT99A 以外(HT24B・HT16E・HT99B)／自動 ▶ 煮物 2-5 ▶ スタート

HT99A ／自動 ▶ 煮物 1-1 ▶ スタート

ぶり大根

ひと口食べれば、安心感のあるおいしさにほっと和みます。
味の深みをさらに増したいときは、加熱を延長して5分ほど温めても！

材料（2～3人分）　加熱時間 40 ～ 45 分

ぶり…2 切れ　▶ひと口大に切る
大根…1/3 本（300g）　▶ 2cm幅の半月切り
しょうが（皮つきのもの）…1 かけ
▶薄切り
塩…少々

A {
　水…1 カップ
　酒、しょうゆ…各大さじ 2
　みりん…大さじ 1
　砂糖…小さじ 2
}

大根の葉…少々
▶小口切りにし、熱湯をかける

1 ぶりに塩をふって 10 分ほどおき、水けをふく。A は混ぜ合わせる。

2 内鍋に大根を入れ、ぶりを重ならないようにのせる。しょうがを散らして A を加え、自動調理メニュー「ぶり大根」で加熱する。器に盛り、大根の葉をのせる。

HW シリーズ／メニューを選ぶ ▶ カテゴリーで探す ▶ 煮物 ▶ 魚介 ▶ ぶり大根 ▶ スタート
HT99A 以外（HT24B・HT16E・HT99B）／自動 ▶ 煮物 2-11 ▶ スタート
HT99A ／自動 ▶ 煮物 1-10 ▶ スタート

ミートボールのトマト煮

トマトベースの煮物は、しょうゆを少量加えるとごはんが進む味に。
大きくてボリューミーなミートボールに、心も弾みます。

材料（2〜3人分）加熱時間 40〜45分

A
- 合いびき肉…250g
- 玉ねぎ…1/4 個　▶みじん切り
- 卵…1 個　▶溶きほぐす
- パン粉…大さじ 4
- 牛乳…大さじ 2
- 塩…小さじ 1/3
- こしょう、ナツメグ…各適量

玉ねぎ…1/4 個　▶薄切り
マッシュルーム…6 個　▶縦半分に切る

B
- にんにく…1 かけ　▶つぶす
- トマト缶（カットタイプ）…1/2 缶（200g）
- 水…1/3 カップ
- オリーブ油…大さじ 1
- しょうゆ…小さじ 1

作り方

1 ボウルに **A** を入れてよく練り混ぜ、8 等分にして丸める。

2 内鍋に玉ねぎ、マッシュルーム、**B** の順に入れ、**1** を重ならないようにのせる。自動調理メニュー「ぶり大根」で加熱し、味を見て足りなければ塩少々（分量外）を加える。器に盛り、好みでパルメザンチーズ（すりおろす）適量（分量外）を散らす。

Point

キレイな丸い形をキープするため、内鍋の側面から離して置き、さらにミートボール同士がくっつかないようにしましょう。

HW シリーズ／メニューを選ぶ ▶ カテゴリーで探す ▶ 煮物 ▶ 魚介 ▶ ぶり大根 ▶ スタート

HT99A 以外（HT24B・HT16E・HT99B）／自動 ▶ 煮物 2-11 ▶ スタート

HT99A ／自動 ▶ 煮物 1-10 ▶ スタート

サーモンとじゃがいもの
クリームシチュー

予約可

まぜ技
ユニット

サーモンとじゃがいもがゴロッと入った、大満足の食べごたえ！
加熱時に分離しないよう、牛乳はあとから加えるのがコツ。

材料（2～3人分）加熱時間 45分

生鮭…2切れ　▶半分に切る
じゃがいも…2個（300g）
▶3等分に切る
長ねぎ…50g　▶薄切り
薄力粉…大さじ3

A ｛
ローリエ…1枚
水…1カップ
白ワイン、バター…各大さじ2

塩、こしょう…各少々
牛乳…1と1/2カップ

B ｛
塩…小さじ1/2
こしょう…少々

作り方

1 ポリ袋にじゃがいも、長ねぎを入れ、薄力粉を加えてまぶす。

2 内鍋の真ん中をあけるようにして1を入れ、Aを加える。自動調理メニュー「クリームシチュー」で加熱する。

3 鮭に塩、こしょうをふって10分ほどおき、水けをふく。

4 報知音が鳴ったら、牛乳を加えてゴムべらで混ぜる。3を真ん中をあけるようにして加え、再度加熱する。Bで味を調えて器に盛り、好みでパセリ（みじん切り）少々（分量外）を散らす。

point

薄力粉を直接入れると、内鍋の底にたまってダマの原因に！　ポリ袋で具材に薄力粉をまんべんなくまぶしてから入れてください。

HW シリーズ／メニューを選ぶ ▶ カテゴリーで探す ▶ カレー・シチュー ▶ クリームシチュー ▶ スタート

HT99A 以外（HT24B・HT16E・HT99B）／自動 ▶ カレー・スープ 1-2 ▶ スタート

HT99A ／自動 ▶ 煮物 1-15 ▶ スタート

チキンとピーマンのトマト煮

予約可　　まぜ技
　　　　　ユニット

鶏肉は、同量の豚肩ロース厚切り肉でアレンジするのもオススメです。
ごはんにかけたり、パスタとからめたり、楽しみ方もいろいろ！

材料（2〜3人分）**加熱時間 40 分**

鶏もも肉…2 枚（500g）　▶ 4 等分に切る
ピーマン…4 個
▶縦半分に切り、へたと種を除く
玉ねぎ…1/2 個　▶薄切り
にんにく…1 かけ　▶つぶす
塩、こしょう…各少々

A ┤
　　トマト缶（カットタイプ）…1/2 缶（200g）
　　水…1/4 カップ
　　白ワイン…大さじ 2
　　しょうゆ、オリーブ油…各小さじ 1

作り方

1 鶏肉に塩、こしょうをふる。

2 内鍋に玉ねぎ、ピーマン、**1**、にんにく、**A** の順に入れ、自動調理メニュー「ラタトゥイユ」で加熱する。

HW シリーズ／メニューを選ぶ▶ カテゴリーで探す▶ 煮物▶ 野菜▶ ラタトゥイユ▶ スタート
HT99A 以外（HT24B・HT16E・HT99B）／自動▶ 煮物 2-18▶ スタート
HT99A ／自動▶ 煮物 1-17▶ スタート

ソーセージとキャベツのポトフ

予約可

キャベツは大きく切って煮込むと、見栄えよく仕上がります。
ソーセージのプリッとした食感と塩味が食欲を刺激する一杯。

材料（2〜3人分） 加熱時間 65 分

ウィンナソーセージ…大 4 本

▶縦に 1 本切り込みを入れる

キャベツ…1/4 個（250g）

▶縦 2 〜 3 等分に切る

A {
ローリエ…1 枚
水…2 カップ
酒…大さじ 1
しょうゆ…小さじ 1
顆粒コンソメスープの素
　　…小さじ 1/2
塩、こしょう…各少々
}

作り方

1 内鍋にキャベツ、ソーセージ、**A** の順に入れ、自動調理メニュー「ふろふき大根」で加熱する。器に盛り、好みで粒マスタード適量（分量外）を添える。

HW シリーズ／メニューを選ぶ▶ カテゴリーで探す▶ 煮物▶ 野菜▶ ふろふき大根 ▶ スタート
HT99A 以外（HT24B・HT16E・HT99B） ／自動▶ 煮物 2-12 ▶ スタート
HT99A ／自動▶ 煮物 1-4 ▶ スタート

同時調理で 2品献立

内鍋にHW16F、HW24F付属の蒸しトレイをセットすることで、主菜と副菜やスープが同時に作れます。献立に悩むことがなくなり、さらに手間も洗い物も少なくなって、いいことずくめです。

肉豆腐とかぼちゃのカレーサラダ

蒸しトレイ

甘辛い肉豆腐には、スパイシーなかぼちゃサラダを！
クリームチーズを足した濃厚なおいしさに、箸が止まりません。

加熱時間30分

●主菜	●副菜
肉豆腐	**かぼちゃのカレーサラダ**

●主菜
肉豆腐
材料(2人分)
牛切り落とし肉…150g
絹ごし豆腐…1丁(300g)
▶6等分に切る
玉ねぎ…1/4個
▶繊維と垂直に横1cm幅に切る

A
水…3/4カップ
しょうゆ…大さじ1
酒、砂糖…各大さじ1/2

●副菜
かぼちゃのカレーサラダ
材料(2人分)
かぼちゃ…250g
▶種とわたを除き、3cm角に切る
ロースハム…2枚 ▶細切り

B
クリームチーズ…50g
▶スプーンで大きめに崩す
マヨネーズ…大さじ3
カレー粉…小さじ1
塩、こしょう…各少々

1段目

2段目

オーブン用シートを敷く際は、ふたの蒸気口を防がないように注意。蒸しトレイからなるべくはみ出さないように敷きましょう。

作り方

1 内鍋にAを入れて混ぜ、牛肉を加えて菜箸でほぐす。玉ねぎ、豆腐の順に加える。

2 「蒸しトレイ」にオーブン用シートを敷き、かぼちゃをのせる。

3 内鍋に2の「蒸しトレイ」をセットし、自動調理メニュー「ソーセージ」で加熱する。

4 かぼちゃをボウルに取り出して粗くつぶし、ハム、Bを加えてさっと混ぜる。それぞれ器に盛り、肉豆腐に好みで七味唐辛子少々(分量外)をふる。

HW16F・24F／メニューを選ぶ▶カテゴリーで探す▶蒸し物▶ソーセージ▶スタート

しゅうまいと豆もやしのスープ

蒸しトレイ

うま味が強い豚ひき肉のしゅうまいと
豆もやしのあっさりとしたスープで、バランスのよい中華風献立が完成！

加熱時間 30 分

●主菜
しゅうまい

材料（2人分）
しゅうまいの皮…8枚
豚ひき肉…200g
玉ねぎ…1/2 個　▶粗みじん切り

A
しょうが…1/2 かけ
　▶すりおろす
酒、しょうゆ…各大さじ 1/2
ごま油、水…各大さじ 1
砂糖、塩…各小さじ 1/4
こしょう…適量

片栗粉…小さじ 2

●スープ
豆もやしのスープ

材料（2人分）
豆もやし…100g

B
水…2 カップ
しょうゆ…小さじ 2

塩、こしょう…各少々

1段目

2段目

作り方

1 ボウルにひき肉、A を入れ、よく練り混ぜる。玉ねぎに片栗粉をまぶしてから加え、練り混ぜて 8 等分に丸める。

2 「蒸しトレイ」に 1 を間隔をあけて並べ入れ、しゅうまいの皮をかぶせる。

3 内鍋に豆もやし、B を入れる。2 の「蒸しトレイ」をセットし、自動調理メニュー「ソーセージ」で加熱する。

4 器にしゅうまいを盛り、好みで練りがらし少々（分量外）を添える。スープに塩、こしょうを加えて味を調え、別の器に盛って好みで白いりごま少々（分量外）をふる。

蒸しトレイにのせたしゅうまいの肉汁が下の内鍋に落ち、スープのコクがアップ。しゅうまいは、皮をかぶせるだけなので簡単です。

HW16F・24F ／メニューを選ぶ ▶ カテゴリーで探す ▶ 蒸し物 ▶ ソーセージ ▶ スタート

豚スペアリブのみそ蒸しとサンラータン

ピリッとした甘辛味のスペアリブ料理は、ホームパーティーにも最適。
サンラータンは好みで溶き卵を仕上げに加え、保温で火を通しても！

加熱時間 60 分

蒸しトレイ

●主菜	●スープ

豚スペアリブのみそ蒸し

材料(2〜3人分)
豚スペアリブ…600g
塩、こしょう…各少々

A
- にんにく、しょうが
  …各1かけ　▶すりおろす
- みそ、しょうゆ、ごま油、
  酒…各大さじ1
- 砂糖、片栗粉…各小さじ1
- 豆板醤…小さじ1/3

サンラータン

材料(2〜3人分)
春雨(乾燥)…10g
▶さっと水でぬらし、長さを
半分に切る

B
- 水…2カップ
- 酢…大さじ1
- しょうゆ…小さじ1

塩、こしょう…各少々

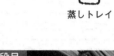

1段目

作り方

1 ポリ袋にスペアリブを入れて塩、こしょうをふり、Aを加えてもみ込む。

2 内鍋にB、春雨の順に入れる。「蒸しトレイ」をセットし、1をのせる。

3 手動「蒸す(1時間)」で加熱し、器にスペアリブを盛り、好みでパクチー適量(分量外)を添える。サンラータンに塩、こしょうを加えて味を調え、別の器に盛る。

2段目

豚スペアリブのうま味と、みそや
豆板醤などの調味料が内鍋に落
ちるので、サンラータンは基本調
味料だけで奥深い味に。

HW16F・24F ／手動で作る▶ 蒸す▶1時間▶ スタート

ホットクックで スープ

ホットクックはじっくり加熱して素材の長所を生かすので、
スープの調理にも最適！　ポタージュから具だくさんのみそ汁まで、
作れるメニューも豊富なので、バリエーションが広がります。

煮込みすぎると身が縮むので、あさりは後入れに
あさりとじゃがいものクラムチャウダー

まぜ技
ユニット

材料（2〜3人分）
あさり（砂抜き済みのもの）…150g
▶流水で殻をこすり合わせて
よく洗い、水けをふく
じゃがいも…2個
▶2cm角に切る
玉ねぎ…1/4個
▶1cm角に切る
薄力粉…大さじ1と1/2
A 水、牛乳…各1カップ
　　酒…大さじ1
バター…大さじ2
塩…小さじ1/4
こしょう…少々

作り方

1 じゃがいもは水に5分ほどさらし、水けをふく。

2 ポリ袋に1、玉ねぎを入れ、薄力粉を加えてまぶす。内鍋に入れ、A、バターの順に加える。自動調理メニュー「クラムチャウダー」で加熱し、あさり、塩、こしょうを加えて「加熱を延長（3分）」する。

加熱時間 23〜28分

HW シリーズ／メニューを選ぶ▶カテゴリーで探す▶スープ▶クラムチャウダー▶スタート
HT99A 以外（HT24B・HT16E・HT99B）／自動▶カレー・スープ 1-7▶スタート

加熱時間 65分

まろやかな玉ねぎの甘さを実感できる、リッチな一皿
丸ごと玉ねぎの
カマンベールチーズスープ

予約可

材料（2人分）
玉ねぎ…1個
▶縦半分に切る
カマンベールチーズ
…1/2個（50g）
▶半分に切る
削り節…小 1/2 袋（2g）
A ローリエ…1枚
　　水…2カップ
　　酒…大さじ2
　　しょうゆ…大さじ1/2
粗びき黒こしょう…少々

作り方

1 削り節はお茶用のパックに入れる。

2 内鍋に玉ねぎ、1、Aの順に入れ、自動調理メニュー「ふろふき大根」で加熱する。器に盛ってカマンベールチーズを加え、黒こしょうをふる。

HW シリーズ／メニューを選ぶ▶カテゴリーで探す▶煮物▶野菜▶ふろふき大根▶スタート
HT99A 以外（HT24B・HT16E・HT99B）／自動▶煮物 2-12▶スタート
HT99A ／自動▶煮物 1-4▶スタート

加熱時間 25 〜 30 分

豚のコクとしょうがの香りで、だし汁いらず

里いも入り簡単豚汁

まぜ技
ユニット

材料(2 〜 3 人分)
豚バラ薄切り肉…150g
▶ 2cm幅に切る
里いも…4 個(300g)
▶ 2 〜 3 等分に切る
塩…適量
A
　しょうが…1 かけ
　▶せん切り
　水…2 カップ
みそ…大さじ 1 と 1/2
七味唐辛子…好みで少々

作り方

1 里いもは塩をもみ込み、流水で洗ってぬめりを取る。

2 内鍋に1、豚肉、Aの順に入れ、自動調理メニュー「野菜スープ」で加熱する。みそを溶き入れて器に盛り、好みで七味唐辛子をふる。

HW シリーズ／メニューを選ぶ▶カテゴリーで探す▶スープ▶野菜スープ▶スタート
HT99A 以外(HT24B・HT16E・HT99B) ／自動▶カレー・スープ 1-5 ▶スタート
HT99A ／手動▶煮物 1-1 (まぜる) ▶ 20 分▶スタート

完熟トマトとセロリで、華やかな味わいに

ガスパチョ風

予約可　まぜ技
ユニット

材料(2 〜 3 人分)
トマト(完熟のもの)…3 個(450g)
▶ざく切り
セロリ…1/2 本(50g)
▶筋を除き、斜め薄切り
A
　バゲット…4cm(45g)
　▶ 2cm角に切る
　にんにく…1/2 かけ　▶薄切り
　水…3/4 カップ
　オリーブ油…大さじ 1
　白ワインビネガー…大さじ 1/2
　はちみつ…小さじ 1
　塩…小さじ 1/4
セロリの葉…好みで適量　▶ざく切り
オリーブ油…好みで適量

作り方

1 内鍋にトマト、セロリ、Aの順に入れ、自動調理メニュー「かぼちゃのポタージュ」で加熱する。報知音が鳴ったら、ふたを開閉して再度加熱する。器に盛り、好みでセロリの葉をのせてオリーブ油をかける。

加熱時間 40 〜 45 分

HW シリーズ／メニューを選ぶ▶カテゴリーで探す▶スープ▶かぼちゃのポタージュ▶スタート
HT99A 以外(HT24B・HT16E・HT99B) ／自動▶カレー・スープ 1-6 ▶スタート

加熱時間 40 〜 45 分

ごはんを足すと、自然なやさしいとろみがつく

にんじんスープ

予約可　まぜ技
ユニット

材料(2 〜 3 人分)
にんじん…大 1 本
▶薄い輪切り
玉ねぎ…1/4 個　▶薄切り
A
　ごはん…30g
　水…3/4 カップ
　バター…小さじ 2
　塩…小さじ 1/3
　こしょう…少々
牛乳…1 カップ

作り方

1 内鍋に玉ねぎ、にんじん、Aの順に入れ、自動調理メニュー「じゃがいものポタージュ」で加熱する。

2 報知音が鳴ったら、牛乳を加えて再度加熱する。

HW シリーズ／メニューを選ぶ▶カテゴリーで探す▶スープ▶じゃがいものポタージュ▶スタート
HT99A 以外(HT24B・HT16E・HT99B) ／自動▶カレー・スープ 1-6 ▶スタート

食べごたえ満点！　レモン汁効果でさっぱり

鶏肉とかぶのスープ

まぜ技
ユニット

材料(2〜3人分)
鶏もも肉…小1枚(200g)
▶ひと口大に切る
かぶ…2個
▶茎を2cm残して縦半分に切り、
葉は4cm長さに切る
塩、こしょう…各少々

A
| にんにく…1かけ ▶つぶす
| 水…2カップ
| 酒…大さじ2
| レモンのしぼり汁
| …大さじ1/2
| ナンプラー…小さじ1
| こしょう…適量

作り方

1 鶏肉に塩、こしょうを
ふる。

2 内鍋にかぶ、1、Aの
順に入れ、自動調理メ
ニュー「野菜スープ」で加熱
する。かぶの葉を加えてスー
プに浸し、「保温」で1分温める。

加熱時間 25〜30分

HWシリーズ／メニューを選ぶ▶カテゴリーで探す▶スープ▶野菜スープ▶スタート
HT99A以外 (HT24B・HT16E・HT99B)／自動▶カレー・スープ 1-5▶スタート
HT99A　／手動▶煮物 1-1(まぜる)　▶20分▶スタート

じゃがいものでんぷんで、口当たりよく仕上げて

予約可　まぜ技ユニット

ブロッコリーと豆乳のポタージュ

材料(2〜3人分)
ブロッコリー…1/2株
 (150g)　▶小房に分ける
じゃがいも…1個
▶薄切り
玉ねぎ…1/2個 ▶薄切り

A
| 水…1カップ
| バター…小さじ2
| 塩…小さじ1/2
| こしょう…適量

豆乳(成分無調整)
 …1カップ
クラッカー…好みで適量

作り方

1 内鍋にブロッコリー、じゃ
がいも、玉ねぎ、Aの順に
入れ、自動調理メニュー「じゃが
いものポタージュ」で加熱する。

2 報知音が鳴ったら、豆乳を
加えて再度加熱する。器に
盛り、好みでクラッカーを割って
のせる。

加熱時間 40〜45分

HWシリーズ／メニューを選ぶ▶カテゴリーで探す▶スープ▶じゃがいものポタージュ▶スタート
HT99A以外 (HT24B・HT16E・HT99B)／自動▶カレー・スープ 1-6▶スタート

大きく切ったごぼうと梅の酸味で滋味深く

ごぼうの梅すまし汁

まぜ技
ユニット

材料(2〜3人分)
ごぼう…1本(100g)　▶皮を包
丁でこそげ、1cm幅の斜め切り
梅干し(塩分16%)…1個
▶種を除き、果肉を細かくちぎる

A
| 昆布(3×3cmのもの)…1枚
| 水…2カップ
| 酒…大さじ1
| しょうゆ…小さじ2

作り方

1 ごぼうは水に5分ほど
さらし、水けをきる。

2 内鍋に1、梅干し、A
の順に入れ、自動調理
メニュー「野菜スープ」で加
熱する。

加熱時間 25〜30分

HWシリーズ／メニューを選ぶ▶カテゴリーで探す▶スープ▶野菜スープ▶スタート
HT99A以外 (HT24B・HT16E・HT99B)／自動▶カレー・スープ 1-5▶スタート
HT99A　／手動▶煮物 1-1(まぜる)　▶20分▶スタート

3

ホットクックで
ごちそうおかず

記念日や年末年始のイベント、おもてなしにも活躍する、
とっておきのメニューもホットクックなら簡単。
憧れの低温調理も楽しめるので、お店に負けない、
ワンランク上の新しいおいしさを堪能できます。

ロストビーフ

蒸しトレイ

難しい火入れも失敗なし！　かたまり肉を一定の温度で加熱することで、
しっとり、やわらかなプロの味をお家で楽しめます。

材料(2〜3人分) 加熱時間90分

牛ももかたまり肉…500g
塩…小さじ1
こしょう…少々
オリーブ油…小さじ2
にんにく…1かけ　▶つぶす

point

牛肉を焼いて香ばしさを足した
ら、うま味が逃げないように保存
袋に入れて加熱を。加熱中は
袋が浮いてこないように、蒸し
トレイ(蒸し板)をのせましょう。

作り方

1 牛肉は焼く1時間ほど前に冷蔵室から取り出して室温にもどし、塩、こしょうをまぶす。

2 フライパンにオリーブ油を強めの中火で熱し、**1**を入れる。40秒〜1分焼き、転がしながらほかの面も同様に焼く。耐熱の保存袋に入れてにんにくを加え、空気を抜いて口を閉じる。

3 内鍋に**2**を入れて水を「水位MAX」の表示まで注ぎ、「蒸しトレイ(蒸し板)」をのせる。手動「発酵・低温調理(65℃・1時間)」で加熱し、さらに「加熱を延長(30分)」する。取り出して袋ごとアルミホイルで包み、2時間ほどおいて粗熱を取る。薄切りにして盛りつけ、好みでクレソン、塩各適量(分量外)を添える。

HWシリーズ／手動で作る▶発酵・低温調理をする▶65℃▶1時間▶スタート

HT99A以外(HT24B・HT16E・HT99B)／手動▶発酵6▶65℃▶1時間▶スタート

HT99A／手動▶発酵5▶65℃▶2時間▶スタート(※1時間30分加熱後、取り出す)

豚肉と白いんげん豆の煮込み

白いんげん豆は、缶詰を使うとラクチン！ ローズマリーの
華やかな香りで、料理を手軽にレベルアップできます。

予約可

材料(2〜3人分) 加熱時間 65 分

豚肩ロースかたまり肉…300g
 ▶ 3cm角に切る

白いんげん豆水煮缶…200g
玉ねぎ…1/2 個　▶薄切り
にんにく…1 かけ　▶つぶす
塩…小さじ 1/3
こしょう…少々
薄力粉…大さじ 1
オリーブ油…小さじ 1

A {
ローズマリー…2 本
水…1/2 カップ
白ワイン…大さじ 2
}

作り方

1 ポリ袋に豚肉、塩、こしょうを入れ、薄力粉を加えてまぶす。

2 フライパンにオリーブ油、にんにくを入れて弱火で熱し、香りが立ったら **1** を入れて中火にする。全面がこんがりと色づくまで、転がしながら計 3 分ほど焼く。

3 内鍋に玉ねぎ、白いんげん豆、**2**、**A** の順に入れ、自動調理メニュー「ふろふき大根」で加熱する。器に盛り、好みでマスタード適量(分量外)を添える。

HW シリーズ／メニューを選ぶ ▶ カテゴリーで探す ▶ 煮物 ▶ 野菜 ▶ ふろふき大根 ▶ スタート

HT99A 以外（HT24B・HT16E・HT99B） ／自動 ▶ 煮物 2-12 ▶ スタート

HT99A ／自動 ▶ 煮物 1-4 ▶ スタート

とろとろチャーシュー

はちみつ効果でしっとり食感に！　チャーシューは厚く切り、
口の中でほろっと崩れ、溶けていくようなおいしさを味わってください。

材料（2〜3人分）　加熱時間 80〜95 分

豚肩ロースかたまり肉…500g
塩、こしょう…各少々

A
水…3/4 カップ
酒（あれば紹興酒）、酢、しょうゆ、
　　オイスターソース…各大さじ 2
はちみつ…大さじ 1

ごま油…小さじ 2

B
にんにく…1 かけ　▶つぶす
しょうが（皮つきのもの）…1 かけ　▶薄切り
長ねぎ（青い部分）…1 本分
シナモンスティック…あれば 1 本
▶半分に割る

作り方

1　豚肉は塩、こしょうをふる。**A** は混ぜ合わせる。

2　フライパンにごま油を中火で熱し、豚肉を入れて 1 分ほど焼く。転がしながら、ほかの面も同様に焼く。

3　内鍋に **2**、**A**、**B** の順に入れ、自動調理メニュー「豚の角煮」で加熱する。食べやすい厚さに切って器に盛り、好みでパクチー、練りがらし各適量（分量外）を添える。

HW シリーズ／メニューを選ぶ ▶ メニューを選ぶ ▶ カテゴリーで探す ▶ 煮物 ▶ 肉 ▶ 豚の角煮 ▶ スタート

HT99A 以外（HT24B・HT16E・HT99B）／自動 ▶ 煮物 2-7 ▶ スタート

ボルシチ

レモン汁を少量加えることで、ビーツの色味がより鮮やかに。
甘酸っぱいスープには、にんにく風味のサワークリームを添えて！

まぜ技
ユニット

材料（2～3人分）加熱時間85分

牛すね肉…300g ▶ひと口大に切る
ビーツ…1個（300g）
　▶ 1.5～2cm角の棒状に切る
玉ねぎ…1個 ▶薄切り
にんにく…1かけ ▶薄切り
塩…小さじ 1/3
こしょう、薄力粉…各適量
オリーブ油…小さじ 2

A {
　水…1と1/2カップ
　レモンのしぼり汁…小さじ 2
　塩、こしょう…各少々
}

B {
　にんにく…1/2かけ ▶すりおろす
　サワークリーム…75g
}

作り方

1 ポリ袋に牛肉、塩、こしょうを入れてもみ込み、薄力粉を加えてまぶす。

2 フライパンにオリーブ油を中火で熱し、1を入れる。こんがりと色づくまで1分30秒ほど焼き、上下を返して1分30秒ほど焼く。

3 内鍋に玉ねぎ、にんにく、ビーツ、2、Aの順に入れ、自動調理メニュー「ビーフシチュー」で加熱する。仕上げに塩、こしょう各少々（分量外）で味を調え、器に盛ってBを混ぜ合わせて添える。

HWシリーズ／メニューを選ぶ▶ カテゴリーで探す▶ カレー・シチュー▶ ビーフシチュー▶ スタート
HT99A 以外（HT24B・HT16E・HT99B）／自動▶ カレー・スープ 1-4 ▶ スタート
HT99A ／自動▶ 煮物 1-16 ▶ スタート

鶏ハム

鶏肉は厚みがある部分を開き、厚さを均一にすると巻きやすいです。
加熱時はラップを二重に巻くことで、湯が中に入るのを防ぎましょう。

蒸しトレイ

材料（2～3人分）　加熱時間 95 分

鶏むね肉…2 枚（400g）
▶皮を除いて縦に 1 本切り込みを入れ、左右
に観音開きにする

グレープフルーツ…1/2 個
▶皮と薄皮を除き、食べやすい大きさに切る

塩…小さじ 1 弱

乾燥ミックスハーブ
　（バジル、オレガノ、タイムなど）
　　…小さじ 1

　　　作り方

1　鶏肉 1 枚は両面に塩小さじ 1/2 弱を
まぶし、ラップを縦 20×横 25cm に広
げた上に縦長におく。ミックスハーブ

1/2 量を散らし、手前からきつめにく
るくると巻く。ラップをぴったりと巻
いて両端をねじってきつく結び、再度
同様にラップを巻いて楊枝で 5～6 か
所穴をあける。残りも同様に作る。

2　内鍋に 1 を入れて水 5 カップを注ぎ、
「蒸しトレイ（蒸し板）」をのせる。手動
「発酵・低温調理（65℃・1 時間）」で加
熱し、さらに「加熱を延長（30分）」す
る。内鍋に入れたまま 1 時間ほどおき、
粗熱を取る。ラップごと 1cm厚さに切っ
てラップをはずし、器に盛る。グレー
プフルーツをのせ、好みでベビーリー
フ適量（分量外）を添える。

HW シリーズ／手動で作る▶発酵・低温調理をする▶65℃▶1 時間▶スタート

HT99A 以外（HT24B・HT16E・HT99B）／手動▶発酵 6▶65℃▶1 時間▶スタート

HT99A ／手動▶発酵 5▶65℃▶2 時間▶スタート（※1 時間 30 分加熱後、「とりけし」を押す）

アクアパッツァ

魚介を主役にした王道メニューは、切り身を使えばとっても簡単！
好みでミニトマトやオリーブなどを加えて作っても。

材料（2～3人分）加熱時間 20～25分

鯛（切り身）…3 切れ
あさり（砂抜き済みのもの）…250g
▶流水で殻をこすり合わせ、よく洗う
玉ねぎ…1/2 個　▶薄切り
塩、こしょう…各少々

A {
にんにく…1 かけ　▶つぶす
タイム…1～2 本
水…1/2 カップ
白ワイン…1/4 カップ
塩…小さじ 1/3
}

作り方

1　鯛に塩、こしょうをふって 10 分ほどおき、水けをふく。

2　内鍋に **1** を重ならないように入れ、あさり、玉ねぎ、**A** の順に加える。自動調理メニュー「かれいの煮つけ」で加熱し、器に盛って好みでレモン適量（分量外）を添える。

Point

玉ねぎやタイムがなければ、セロリで代用しても！　香味野菜が鯛の臭みを抑え、風味豊かな仕上がりに。

HW シリーズ／メニューを選ぶ▶ カテゴリーで探す▶ 煮物▶ 魚介▶ かれいの煮つけ▶ スタート
HT99A 以外（HT24B・HT16E・HT99B）／自動▶ 煮物 2-10 ▶ スタート
HT99A ／自動▶ 煮物 1-9 ▶ スタート

サーモンのミキュイ

ミキュイとは、フランス語で「半分火が通った」ことを意味します。
とろけるサーモンをバター風味のレモンソースと合わせ、格別の味わいに。

蒸しトレイ

材料（2〜3人分）加熱時間30分

サーモン（刺身用）…400g
▶ 4等分に切る

玉ねぎ…1/2個　▶ 薄切り

A {
水…2カップ
オリーブ油…大さじ2
塩、グラニュー糖
　…各小さじ2
}

B {
バター（冷たいもの）…40g
白ワイン…大さじ2
レモンのしぼり汁
　…大さじ1/2
塩…少々
}

作り方

1 サーモンは水けをふく。ボウルにAを入れて混ぜ合わせ、サーモンを加える。ラップをかけて冷蔵室に入れ、1時間ほど漬ける。

2 耐熱の保存袋に1を入れて玉ねぎ1/2量を加え、空気を抜いて口を閉じる。内鍋に入れて水を「水位MAX」の表示まで注ぎ、「蒸しトレイ（蒸し板）」をのせる。手動「発酵・低温調理（40℃・30分）」で加熱し、取り出して袋ごと冷水に浸し、15分ほど冷やす。

3 フライパンにBを入れ、弱めの中火で熱する。混ぜながら、バターが溶けてとろりとするまで加熱し、ソースを作る。器にソースを敷いてサーモン、残りの玉ねぎを盛り、好みでディル適量（分量外）を添える。

HWシリーズ／手動で作る ▶ 発酵・低温調理をする ▶ 40℃ ▶ 30分 ▶ スタート
HT99A以外（HT24B・HT16E・HT99B）／手動 ▶ 発酵6 ▶ 40℃ ▶ 30分 ▶ スタート
HT99A／手動 ▶ 発酵5 ▶ 40℃ ▶ 1時間 ▶ スタート（※30分加熱後、取り出す）

塩豚のポッサム

豚肉は塩をすり込んで時間をおき、熟成させることでおいしさが増します。
好みの葉野菜で包み、キムチ、にんにく、コチュジャンと召し上がれ。

蒸しトレイ

材料（2〜3人分）　加熱時間 120〜180 分

豚肩ロースかたまり肉…500g
塩…小さじ 2

A {
長ねぎ（青い部分）…1 本分
にんにく…3 かけ
酒…1/4 カップ
}

作り方

1
豚肉に塩をすり込み、ラップで包む。バットにのせて冷蔵室に入れ、3 日ほどおく（※ラップは 1 日 1 回取り替える）。

2
耐熱の保存袋に豚肉を入れて A を加え、空気を抜いて口を閉じる。内鍋に入れて水を「水位 MAX」の表示まで注ぎ、「蒸しトレイ（蒸し板）」をのせる。手動「発酵・低温調理（75℃・2 時間）」で加熱する。

3
豚肉を食べやすい厚さに切って器に盛り、好みでサンチュ、えごまの葉、白菜キムチ、にんにく（薄切り）、温かいごはん、コチュジャン各適量（分量外）を添える。

HW シリーズ／メニューを選ぶ ▶ 手動で作る ▶ 発酵・低温調理をする ▶ 75℃ ▶ 2 時間 ▶ スタート

HT99A 以外（HT24B・HT16E・HT99B）／手動 ▶ 発酵 6 ▶ 75℃ ▶ 2 時間 ▶ スタート

HT99A ／手動 ▶ 発酵 5 ▶ 65℃ ▶ 3 時間 ▶ スタート

堤 人美

料理家

出版社勤務後、料理研究家のアシスタントを経て独立。毎日を彩る身近な料理はもちろん、特別な日に食べたいごちそう料理や、お菓子、パン、ジャムなど、多岐にわたる幅広い知識への信頼も厚い。雑誌、書籍、テレビなどで活躍し、提案する料理は、いつもの食材や調味料でセンスよく、おいしく仕上がると人気を博す。『堤人美の旬を漬ける保存食』（NHK出版刊）、『野菜はあたためて食べる！』（新星出版社刊）、『ザ・野菜ライス』（グラフィック社刊）など、著書も多数。

STAFF

撮　影　　　澤木央子
デザイン　　高市美佳
スタイリング　久保田朋子
取材・文　　中田裕子
調理アシスタント　池田美希
校　正　　　滄流社
編　集　　　上野まどか

撮影協力　UTUWA

協　力　　シャープ株式会社
〒590-8522 大阪府堺市堺区匠町1番地
お客様相談窓口 ☎0120-078-178
https://jp.sharp/

暮らしが変わる！
家に帰ってスグおいしい
ホットクックごはん

著　者　　堤 人美
編集人　　足立昭子
発行人　　倉次辰男
発行所　　株式会社主婦と生活社
　　　　　〒104-8357 東京都中央区京橋 3-5-7
　　　　　編集部　TEL03-3563-5321
　　　　　販売部　TEL03-3563-5121
　　　　　生産部　TEL03-3563-5125
　　　　　https://www.shufu.co.jp

製版所　　東京カラーフォト・プロセス株式会社
印刷所　　共同印刷株式会社
製本所　　小泉製本株式会社

ISBN978-4-391-15543-3

読者アンケートにご協力ください

この度はお買い上げいただきありがとうございました。『暮らしが変わる！家に帰ってスグおいしいホットクックごはん』はいかがだったでしょうか？　右上のQRコードからアンケートにお答えいただけると幸いです。ご協力いただいた方の中から、抽選で20名様に、小社刊行物（料理本）をプレゼントいたします（刊行物の指定はできませんので、ご了承ください）。
当選者の発表は商品の発送をもってかえさせていただきます。

お送りいただいた個人情報は、今後の編集企画の参考としてのみ使用し、他の目的には使用いたしません。詳しくは当社のプライバシーポリシー（https://www.shufu.co.jp/privacy/）をご覧ください。

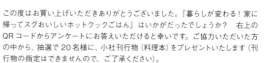